周作人著作

周作人書信

锺叔河——编订

岳麓書社·长沙

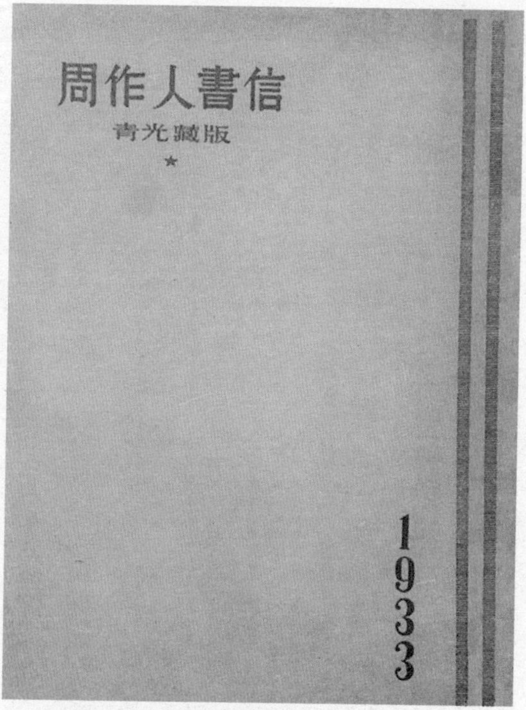

青光书局本《周作人书信》

岳麓书社开始重印

周作人著作

人归人，文归文。周作人其人的是非功过是另一问题，其书的主要内容是对传统文化和国民性进行反思，对中国——西方和中国——日本的文化历史进行比较研究，今之读者却不可不读。岳麓书社以编印《知堂书话》《知堂序跋》《知堂杂诗抄》之熟手，已经开始重印周作人的全部著作，1987—88两年内全部出齐，力求：

书价最便宜　　装帧最大方　　校订最精审

“民国”时期尤其是沦陷时期所印书，错字甚多。岳麓书社决定由编审亲任周氏著作的校订，对原印本错字悉予改正，同时仍列出勘误表，记载原有错讹，以便对勘，且示负责。各书均分单本平装、合订精装两种版本，一利卧读，一利庋藏。周氏的集外文和未刊稿，亦正请上海黄裳、北京舒芜、香港黄俊东、新加坡郑子瑜诸先生协助整理，由本社初版印行。特此广告，请读者速向当地新华书店预订。本社即将请各省市书店统一报数。

自己的园地 0.90元
雨天的书 0.90元
泽泻集 0.50元
过去的生命 0.45元
（大32开精装 合订本3.90元）

谈龙集 0.90元
谈虎集 1.66元
（大32开精装 合订本3.95元）

永日集 0.81元
看云集 0.95元
夜读抄 0.90元
（大32开精装 合订本3.90元）

苦茶随笔 0.99元
苦竹杂记 1.05元
风雨谈 0.90元
（大32开精装 合订本4.35元）

瓜豆集 0.99元
秉烛谈 0.81元
药堂语录 0.45元
药味集 0.70元
（大32开精装 合订本3.95元）

药堂杂文 0.90元
书房一角 0.95元
秉烛后谈 0.80元
（大32开精装 合订本3.60元）

苦口甘口 0.85元
立春以前 0.95元
过去的工作 0.54元
知堂乙酉文编 0.75元
（大32开精装 合订本4.00元）

知堂回想录 2.90元（精装）4.50元

欧洲文学史 0.78元
艺术与生活 1.25元
儿童文学小论 0.53元
中国新文学的源流 0.55元
（大32开精装 合订本4.00元）

〔以下系初版新书，不属重印〕

知堂集外文编（上、下） 7.00元
知堂书话（上、下） 6.00元
知堂序跋 3.20元
知堂杂诗抄 0.80元
儿童杂事诗（丰子恺插图） 1.20元

编者的话

钟叔河

一九八七年一月三日《光明日报》上，岳麓书社刊出了我拟稿的一帧广告（左图），宣布了书社和我对重印周作人著作的观点：

“人归人，文归文。周作人其人的是非功过是另一问题，其书的主要内容是对传统文化和国民性进行反思，对中国—西方和中国—日本的文化历史进行比较研究，今之读者却不可不读。……”

随即便开始出书。既出周作人著作的单行本，也出精装合订本。两年之间，出了二十四种。

书当然不是想出便能出的，得按规矩，走程序。周家授权了，报告批复了，宋木文、杨牧之、伍杰各位领导都当面或来信表示应允和支持了，便能够出了。

出就得出好。当时强调了两条：（一）因为均系据旧本重印，所以一定要认真校订，尽力改正旧本误植失校的错误；（二）因为手稿不存，无法对勘，所以一定要详出校记，改动处一概保留原文，承担责任。

这两条，读者看来大都是认可的。直到如今，在旧书网上，八十年代“岳麓版”的周作人著作，始终都卖得不错。

现在，岳麓书社决定又来出版周作人著作，仍然要我负责编订，做法则一仍其旧。主要还是这些书，还是这两条，新的广告也就不必再做了。

鄢琨君三十年前和我同编了这些书，此次仍然合作，蒋浩君也参加了进来。校记原列表在书末，如今改作尾注。二君新增校改之处，分别标出“鄢校”“蒋校”，特此说明，并志感谢。

二〇一八年五月十五日于长沙。

出版题记

《周作人书信》，一九三三年七月上海青光书局初版（封面印有“青光藏版”字样），有《序信》一，收书二十三篇（自称二十一篇，误），信七十七篇。

《序信》即是作者写给青光书局李小峰的一封信。信中说，“书”同别的文章一样，是“可以收入正集”的。此二十三篇，依目录次序看，《山中杂信》等八篇已收入《雨天的书》，《一封反对新文化的信》等十一篇已收入《谈虎集》，《乌篷船》已收入《泽泻集》，《答芸深先生》已收入《谈龙集》，只有《古朴的名字》和《关于“无理心中”》两篇是发表在《语丝》周刊上的，尚未“收入正集”。

《序信》又说，“书”是预定要发表的，

只希望能“少点客气，如《乌篷船》，那就很满足了”。“信”则“原是不拟发表的”，此七十七篇全是从受信人处借回选抄下来的，自己“并不以为比书更有价值，只是比书总更老实点，因为都是随便写的”。看来，作者所看重的，大概也就是“随便”和“少点客气”吧。

我们今以“青光”初版本为底本校订重印。

二〇二〇年五月二十二日，锺叔河。

目录

序信

小峰兄：

承示拟编书信，此亦无不可，只是怕没有多大意思。此集内容大抵可分为两部，一是书，二是信。书即是韩愈以来各文集中所录的那些东西，我说韩愈为的是要表示崇敬正宗，这种文体原是“古已有之”，不过汉魏六朝的如司马迁、杨恽、陶潜等作多是情文俱至，不像后代的徒有噪音而少实意也。宋人集外别列尺牍，书之性质乃更明了，大抵书乃是古文之一种，可以收入正集者，其用处在于说大话，以铿锵典雅之文词，讲正大堂皇的道理，而尺牍乃非古文，桐城义法作古文忌用尺牍语，可以证矣。尺牍即此所谓信，原是不拟发表的私书，文章也只是寥寥数句，或通情愫，或叙事实，而片言只语中反有足以窥见性情之处，此其特色也。但此种本领也只有东坡山谷才能完备，孙内简便已流于修饰，从这里变化下去，到

《秋水轩》是很自然的了。大约自尺牍刊行以后，作者即未必预定将来石印，或者于无意中难免作意矜持，这样一来便失了天然之趣，也就损伤了尺牍的命根，不大能够生长得好了。

风凉话讲了不少，自己到底怎么样呢？这集里所收的书共二十一篇，或者连这篇也可加在里边，那还是普通的书，我相信有些缺点都仍存在，因为预定要发表的，那便同别的发表的文章一样，写时总要矜持一点，结果是不必说而照例该说的话自然逐渐出来，于是假话公话多说一分，即是私话真话少说一分，其名曰书，其实却等于论了。但是，这有什么办法呢？我希望其中能够有三两篇稍微好一点，比较的少点客气，如《乌篷船》，那就很满足了。至于信这一部分，我并不以为比书更有价值，只是比书总更老实点，因为都是随便写的。集中所收共计七十七篇，篇幅很短，总计起来分量不多，可是收集很不容易。寄出的信每年不在少数，但是怎么找得回来，有谁保留这种旧信等人去找呢？幸而友人中有二三好事者还收藏着好些，便去借来选抄，大抵选不到十分之一，计给平伯的信三十五封，给启无的二十五封，废名承代选择，交来十八封，我又删去其一，计十七封。挑选的标准只取其少少有点感情有点事实，文句无大疵谬的便行，其办理公务，或雌黄人物者悉不录。挑选结果仅存此区区，而此区区者又如此无聊，复阅之后不禁叹息。没有办法。这原不是情书，不会有什么好看的。

这又不是宣言书，别无什么新鲜话可讲。反正只是几封给朋友的信，现在不过附在这集里再给未知的朋友们看看罢了。虽说是附，在这里实在这信的一部分要算是顶好的了，别无好处，总写得比较地诚实点，希望少点丑态。兼好法师尝说人们活过了四十岁，便将忘记自己的老丑，想在人群中胡混，私欲益深，人情物理都不复了解。行年五十，不免为兼好所诃，只是深愿尚不忘记老丑，并不以老丑卖钱耳。但是人苦不自知，望兄将稿通读一过，予以棒喝，则幸甚矣。

民国二十二年四月十七日，作人白

山中杂信

一

伏园兄：

我已于本月初退院，搬到山里来了。香山不很高大，仿佛只是故乡城内的卧龙山模样，但在北京近郊，已经要算是很好的山了。碧云寺在山腹上，地位颇好，只是我还不曾到外边去看过，因为须等医生再来诊察一次之后，才能决定可以怎样行动，而且又是连日下雨，连院子里都不能行走，终日只是起卧屋内罢了。大雨接连下了两天，天气也就颇冷了。般若堂里住着几个和尚们，买了许多香椿干，摊在芦席上晾着，这两天的雨不但使他不能干燥，反使他更加潮湿。每从玻璃窗望去，看见廊下摊着湿漉漉的深绿的香椿干，总觉得对于这班和尚们心里很是抱歉似的，——虽然下雨并不是我的缘故。

般若堂里早晚都有和尚做功课，但我觉得并不烦扰，而且于我似乎还有一种清醒的力量。清早和黄昏时候的清澈的磬声，仿佛催促我们无所信仰、无所归依的人，拣定一条道路精进向前。我近来的思想动摇与混乱，可谓已至其极了，托尔斯泰的无我爱与尼采的超人，共产主义与善种学，耶佛孔老的教训与科学的例证，我都一样的喜欢尊重，却又不能调和统一起来，造成一条可以行的大路。我只将这各种思想，凌乱[①]地堆在头里，真是乡间的杂货一料店了。——或者世间本来没有思想上的“国道”，也未可知。这件事我常常想到，如今听他们做功课，更使我受了激刺。同他们比较起来，好像上海许多有国籍的西商中间，夹着一个“无领事管束”的西人。至于无领事管束，究竟是好是坏，我还想不明白。不知你以为何如？

寺内的空气并不比外间更为和平。我来的前一天，般若堂里的一个和尚，被方丈差人抓去，说他偷寺内的法物，先打了一顿，然后捆送到城内什么衙门去了。究竟偷东西没有，是别一个问题，但是吊打恐总非佛家所宜。大约现在佛徒的戒律，也同“儒业”的三纲五常一样，早已成为具文了。自己即使犯了永

【锺校】

①“乱”原作“凯”。

为弃物的波罗夷罪，并无妨碍，只要有权力，便可以处置别人，正如护持名教的人却打他的老父，世间也一点都不以为奇。我们厨房的间壁，住着两个卖汽水的人，也时常吵[1]架。掌柜的回家去了，只剩了两个少年的伙计，连日又下雨，不能出去摆摊，所以更容易争闹起来。前天晚上，他们都不愿意烧饭，互相推诿，始而相骂，终于各执灶上的铁通条，打仗两次。我听他们叱咤的声音，令我想起《三国志》及《劫后英雄略》等书里所记的英雄战斗或比武时的威势，可是后来战罢，他们两个人一点都不受伤，更是不可思议了。从这两件事看来，你大略可以知道这山上的战氛罢。

因为病在右肋，执笔不大方便，这封信也是分四次写成的。以后再谈罢。

一九二一年六月五日

二

近日天气渐热，到山里来住的人也渐多了。对面的那三间屋，已于前日租去，大约日内就有人搬来。般若堂两旁的厢房，本是“十方堂”，这块大木牌还

【锺校】

①“吵”原作“抄”。

挂在我的门口。但现在都已租给人住，以后有游方僧来，除了请到罗汉堂去打坐以外，没有别的地方可以挂单了。

三四天前大殿里的小菩萨，失少了两尊，方丈说是看守大殿的和尚偷卖给游客了，于是又将他捆起来，打了一顿，但是这回不曾送官，因为次日我又听见他在后堂敲那大木鱼了（前回被抓去的和尚已经出来，搬到别的寺里去了）。当时我正翻阅《诸经要集》六度部的忍辱篇，道世大师在述意缘内说道，“……岂容微有触恼，大生瞋恨，乃至角眼相看，恶声厉色，遂加杖木，结恨成怨”，看了不禁苦笑。或者丛林的规矩，方丈本来可以用什么板子打人，但我总觉得有点矛盾。而且如果真照规矩办起来，恐怕应该挨打的却还不是这个所谓偷卖小菩萨的和尚呢。

山中苍蝇之多，真是“出人意表之外”。每到下午，在窗外群飞，嗡嗡作声，仿佛是蜜蜂的排衙。我虽然将风门上糊了冷布，紧紧关闭，但是每一出入，总有几个混进屋里来。各处桌上摊着苍蝇纸，另外又用了棕丝制的蝇拍追着打，还是不能绝灭。英国诗人勃来克有《苍蝇》一诗，将蝇来与无常的人生相比，日本小林一茶的俳句道，“不要打哪！那苍蝇搓他的手，搓他的脚呢。”我平常都很是爱念，但在实际上却不能这样的宽大了。一茶又有一句俳句，序云：

> 捉到一个虱子，将他掐死固然可怜，要把他舍在门外，让他绝食，也觉得不忍，忽然的想到我佛从前给与鬼子母的东西①，成此：虱子呵，放在和我味道一样的石榴上爬着。

《四分律》云："时有老比丘拾虱弃地，佛言不应，听以器盛若绵拾著中。若虱走出，应作筒盛；若虱出筒，应作盖塞。随其寒暑，加以腻食将养之。"一茶是诚信的佛教徒，所以也如此做，不过用石榴喂他却更妙了。这种殊胜的思想，我也很以为美，但我的心底里有一种矛盾，一面承认苍蝇是与我同具生命的众生之一，但一面又总当他是脚上带着许多有害的细菌，在头上面上爬的痒痒的，一种可恶的小虫，心想除灭他。这个情与知的冲突，实在是无法调和，因为我笃信"赛老先生"的话，但也不想拿了他的解剖刀去破坏诗人的美的世界，所以在这一点上，大约只好甘心且做蝙蝠派罢了。

对于时事的感想，非常纷乱，真是无从说起，倒

【原注】

① 日本传说，佛降伏鬼子母神，给与石榴实食之，以代人肉，因榴实味酸甜似人肉云。据《鬼子母经》说，她后来变了生育之神，这石榴大约只是多子的象征罢了。

还不如不说也罢。

六月二十三日

三

我在第一信里，说寺内战氛很盛，但是现在情形却又变了。

卖汽水的一个战士，已经下山去了。这个缘因，说来很长。前两回礼拜日游客很多，汽水卖了十多块钱一天，方丈知道了，便叫他们从形势最好的那“水泉”旁边撤退，让他自己来卖。他们只准在荒凉的塔院下及门口去摆摊，生意便很清淡，掌柜的于是实行减政，只留下了一个人做帮手，——这个伙计本是做墨盒的，掌柜自己是泥水匠，这主从两人虽然也有时争论，但不至于开起仗来了。方丈似乎颇喜欢吊打他属下的和尚，不过他的法庭离我这里很远，所以并未直接受到影响。此外偶然和尚们喝醉了高粱[1]，高声抗辩，或者为了金钱胜负稍有纠葛，都是随即平静，算不得什么大事。因此般若堂里的空气，近来很是长闲逸豫，令人平矜释躁。这个情形可以意会，不易言传，我如今举出一件琐事来做个象征，你或者可以知

【锺校】

①“粱”原作“梁”。

其大略。我们院子里，有一群鸡，共五六只，其中公的也有，母的也有。这是和尚们共同养的呢，还是一个人的私产，我都不知道。他们白天里躲在紫藤花底下，晚间被盛入一只小口大腹，像是装香油用的藤篓里面。这篓子似乎是没有盖的，我每天总看见他在柏树下仰天张着口放着。夜里酉戌之交，和尚们擂鼓既罢，各去休息，篓里的鸡便怪声怪气的叫起来。于是禅房里和尚们的"唆，唆——"之声，相继而作。这样以后，篓里与禅房里便复寂然，直到天明，更没有什么惊动。问是什么事呢？答说有黄鼠狼来咬鸡。其实这小口大腹的篓子里，黄鼠狼是不会进去的，倘若掉了下去，他就再也逃不出来[①]了。大约他总是未能忘情，所以常来窥探，不过聊以快意罢了。倘若篓子上加上一个盖，——虽然如上文所说，即使无盖，本来也很安全，——也便可以省得他的窥探。但和尚们永远不加盖，黄鼠狼也便永远要来窥探，以致"三日两头"的引起夜中篓里与禅房里的驱逐。

这便是我所说的长闲逸豫的所在。我希望这一节故事，或者能够比那四个抽象的字说明的更多一点。但是我在这里不能一样的长闲逸豫，在一日里总有一

【锺校】

①"再也逃不出来"，原作"再逃也不出来"。

个阴郁的时候，这便是下午清华园的邮差送报来后的半点钟。我的神经衰弱，易于激动，病后更甚，对于略略重大的问题，稍加思索，便很烦躁起来，几乎是发热状态，因此平常十分留心免避。但每天的报里，总是充满着不愉快的事情，见了不免要起烦恼。或者说，既然如此，不看岂不好么？但我又舍不得不看，好像身上有伤的人，明知触着是很痛的，但有时仍是不自禁的要用手去摸，感到新的剧痛，保留他受伤的意识。但苦痛究竟是苦痛，所以也就赶紧丢开，去寻求别的慰解。我此时放下报纸，努力将我的思想遣发到平常所走的旧路上去，——回想近今所看书上的大乘菩萨布施忍辱等六度难行，净土及地狱的意义，或者去搜求游客及和尚们（特别注意于方丈）的轶事。我也不愿再说不愉快的事，下次还不如仍同你讲他们的事情罢。

六月二十九日

四

近日因为神经不好，夜间睡眠不足，精神很是颓唐，所以好久没有写信，也不曾做诗了。诗思固然不来，日前到大殿后看了御碑亭，更使我诗兴大减。碑亭之北有两块石碑，四面都刻着乾隆御制的律诗和绝句。这些诗虽然很讲究的刻在石上，壁上还有宪兵某君的题词，赞叹他说：“天命乃有移，英风殊难泯！”

但我看了不知怎的联想到那塾师给冷于冰看的草稿，将我的创作热减退到近于零度。我以前病中忽发野心，想做两篇小说，一篇叫《平凡的人》，一篇叫《初恋》，幸而到了现在还不曾动手，不然，岂不将使《馍馍赋》不但无独而且有偶么？

我前回答应告诉你游客的故事，但是现在也未能践约，因为他们都从正门出入，很少到般若堂里来的。我看见从我窗外走过的游客，一总不过十多人。他们却有一种公共的特色，似乎都对于植物的年龄颇有趣味。他们大抵问和尚或别人道：“这藤萝有多少年了？”答说：“这说不上来。”便又问：“这柏树呢？”至于答案，自然仍旧是“说不上来”了。或者不问柏树的，也要问槐树，其馀核桃石榴等小树，就少有人注意了。我常觉得奇异，他们既然如此热心，寺里的人何妨就替各棵老树胡乱定出一个年岁，叫和尚们照样对答，或者写在大木板上，挂在树下，岂不一举两得么？

游客中偶然有提着鸟笼的，我看了最不喜欢。我平常有一种偏见，以为作不必要的恶事的人，比为生活所迫，不得已而作恶者更为可恶；所以我憎恶蓄妾的男子，比那卖女为妾——因贫穷而吃人肉的父母，要加几倍。对于提鸟笼的人的反感，也是出于同一的源流。如要吃肉，便吃罢了（其实飞鸟的肉，于养生上也并非必要）；如要赏鉴，在他自由飞鸣的时候，可以尽量的看或听，何必关在笼里，擎着走呢？我以为这同喜欢缠足一样的是痛苦的赏玩，是一种变态的残忍的心理。贤首于《梵网戒疏》盗戒下注云：“善见云，盗空中鸟，左翅至右翅，尾至头，上下亦尔，俱得重罪。准此戒，纵无主，鸟身自为主，盗皆重也。”鸟身自为主，——这句话的精神何等博大深厚，然而又岂是那些提鸟笼的朋友所能了解的呢？

《梵网经》里还有几句话，我觉得也都很好。如云“若佛子，故食肉，——一切肉不得食。——断大慈悲性种子，一切众生见而舍去”。又云：“一切男子是我父，一切女人是我母，我生生无不从之受生，故六道众生皆我父母。而杀而食者，即杀我父母，亦杀我故身：一切地水，是我先身；一切火风，是我本体。……”我们现在虽然不能再相信六道轮回之说，然而对于这普亲观平等观的思想，仍然觉得他是真而且美。英国勃来克的诗：

被猎的兔每一声叫，
撕掉脑里的一枝神经；

云雀被伤在翅膀上，
一个天使止住了歌唱。

这也是表示同一的思想。我们为自己养生计，或者不得不杀生，但是大慈悲性种子也不可不保存，所以无用的杀生与快意的杀生，都应该避免的。譬如吃醉虾，这也罢了；但是有人并不贪他的鲜味，只为能够将半活的虾夹住，直往嘴里送，心里想道“我吃你！”觉得很快活。这是在那里尝得胜快心的滋味，并非真是吃食了。《晨报》杂感栏里曾登过松年先生的一篇《爱》，我很以他所说的为然。但是爱物也与仁人很有关系，倘若断了大慈悲性种子，如那样吃醉虾的人，于爱人的事也恐怕不大能够圆满的了。

七月十四日

五

近日天气很热，屋里下午的气温在九十度以上。所以一到晚间，般若堂里在院子里睡觉的人，总有三四人之多。他们的睡法很是奇妙，因为蚊子白蛉要来咬，于是便用棉被没头没脑的盖住。这样一来，固然再也不怕蚊子们的勒索，但是露天睡觉的原意也完全失掉了。要说是凉快，却蒙着棉被；要说是通气，却将头直钻到被底下去。那么同在热而气闷的屋里睡觉，还有什么区别呢？有一位方丈的徒弟，睡在藤椅上，挂了一顶洋布的帐子，我以为是防蚊用的了，岂知四面都是悬空，蚊子们如能飞近地面一二尺，仍旧是可以进去的，他的帐子只能挡住从上边掉下来的蚊子罢了。这些奥妙的办法，似乎很有一种禅味，只是我了解不来。

我的行踪，近来已经推广到东边的“水泉”。这地方确是还好，我于每天清早，没有游客的时候，去徜徉一会，赏鉴那山水之美。只可惜不大干净，路上很多气味，——因为陈列着许多《本草》上的所谓人中黄！我想中国真是一个奇妙的国，在那里人们不容易得到营养料，也没有方法处置他们的排泄物。我想像轩辕太祖初入关的时候，大约也是这样情形。但现在已经过了四千年之久了，难道这个情形真已支持了四千年，一点不曾改么？

水泉四面的石阶上，是天然疗养院附属的所谓洋厨房。门外生着一棵白杨树，树干很粗，大约直径有六七寸，白皮斑驳，很是好看。他的叶在没有什么大风的时候，也瑟瑟的响，仿佛是有魔术似的。古诗说，“白杨多悲风，萧萧愁杀人”，非看见过白杨树的人，不大能了解他的趣味。欧洲传说云，耶稣钉死在白杨木的十字架上，所以这树以后便永远颤抖着。……我正对着白杨起种种的空想，有一个七八岁的小西洋人跟着宁波的老妈子走进洋厨房来。那老妈子同厨子讲着话的时候，忽然来了两个小广东人，各举起一只手来，接连的打小西洋人的嘴巴。他的两个小颊，立刻被批的通红了，但他却守着不抵抗主义，任凭他们打去。我的用人看不过意，把他们隔开两回，但那两位攘夷的勇士又冲过去，寻着要打嘴巴。被打的人虽然忍受下去了，但他们把我刚才的浪漫思想也批到不知去向，使我切肤的感到现实的痛。——至于这两个小爱国者的行为，若由我批评，不免要有过激的话，所以我也不再说了。

我每天傍晚到碑亭下去散步，顺便恭读乾隆的御制诗；碑上共有十首，我至少总要读他两首。读之既久，便发生种种感想，其一是觉得语体诗发生的不得已与必要。御制诗中有这几句，如“香山适才游白社，越岭便已至碧云”，又“玉泉十丈瀑，谁识此其源”，似乎都不大高明。但这实在是旧诗的难做，怪不得皇帝。对偶呀，平仄呀，押韵呀，拘束得非常之严，所以便是奉天承运的真龙也挣扎他不过，只落得留下多少打油的痕迹在石头上面。倘若他生在此刻，抛了七绝五律不做，去做较为自由的新体诗，即使做的不好，也总不至于被人认为“哥罐闻焉嫂棒伤”的蓝本罢。但我写到这里，忽然想到《大江集》等几种名著，又觉得我所说的也未必尽然。大约用文言做“哥罐”的，用白话做来仍是“哥罐”，——于是我又想起一种疑问，这便是语体诗的“万应”的问题了。

七月十七日

六

好久不写信了。这个原因，一半因为你的出京，一半因为我的无话可说。我的思想实在混乱极了，对于许多问题都要思索，却又一样的没有归结，因此觉得要说的话虽多，但不知怎样说才好。现在决心放任，并不硬去统一，姑且看书消遣，这倒也还罢了。

上月里我到香山去了两趟，都是坐了四人轿去的。我们在家乡的时候，知道四人轿是只有知县坐的，现在自己却坐了两回，也是“出于意表之外”的。我一个人叫他们四位扛着，似乎很有点抱歉，而且每人只能分到两角多钱，在他们实在也不经济，不知道为什么不减作两人呢？那轿杠是杉木的，走起来非常颠播。大约坐这轿的总非有候补道的那样身材，是不大合宜的。我所去的地方是甘露旅馆，因为有两个朋友耽阁在那里，其馀各处都不曾去。什么的一处名胜，听说是督办夫人住着，不能去了。我说这是什么督办，参战和边防的督办不是都取消了么，答说是水灾督办。我记得四五年前天津一带确曾有过一回水灾，现在当然已经干了，而且连旱灾都已闹过了（虽然不在天津）。朋友说，中国的水灾是不会了的，黄河不是决口了么。

这话的确不错，水灾督办诚然有存在的必要，而且照中国的情形看来，恐怕还非加入官制里去不可呢。

我在甘露旅馆买了一本《万松野人言善录》，这本书出了已经好几年，在我却是初次看见。我老实说，对于英先生的议论未能完全赞同，但因此引起我陈年的感慨，觉得要一新中国的人心，基督教实在是很适宜的。极少数的人能够以科学艺术或社会的运动去替代他宗教的要求，但在大多数是不可能的。我想最好便以能容受科学的一神教把中国现在的野蛮残忍的多神——其实是拜物——教打倒，民智的发达才有点希望。不过有两大条件，要紧紧的守住：其一是这新宗教的神切不可与旧的神的观念去同化，以致变成一个西装的玉皇大帝；其二是切不可造成[1]教阀，去

【锺校】

①“造成”原作“成造”。

妨害自由思想的发达。这第一第二的覆辙，在西洋历史上实例已经很多，所以非竭力免去不可。——但是，我们昏乱的国民久伏在迷信的黑暗里，既然受不住智慧之光的照耀，肯受这新宗教的灌顶么？不为传统所囚的大公无私的新宗教家，国内有几人呢？仔细想来，我的理想或者也只是空想；将来主宰国民的心的，仍旧还是那一班的鬼神妖怪罢！

我的行踪既然已经推广到了寺外，寺内各处也都已走到，只剩那可以听松涛的有名的塔上不曾去。但是我平常散步，总只在御诗碑的左近或是弥勒佛前面的路上。这一段泥路来回可一百步，一面走着，一面听着阶下龙嘴里的潺湲的水声（这就是御制诗里的“清波绕砌湲”），倒也很有兴趣。不过这清波有时要不“湲”，其时很是令人扫兴，因为后面有人把他截住了。这是谁做主的，我都不知道，大约总是有什么金鱼池的阔人们罢。他们要放水到池里去，便是汲水的人也只好等着，或是劳驾往水泉去，何况想听水声的呢！靠着这清波的一个朱门里，大约也是阔人，因为我看见他们搬来的前两天，有许多穷朋友头上顶了许多大安乐椅小安乐椅进去。以前一个绘画的西洋人住着的时候，并没有什么门禁，东北角的墙也坍了，我常常去到那里望对面的山景和在溪滩积水中洗衣的女人们。现在可是截然的不同了，倒墙从新筑起，将真山关出门外，却在里面叫人堆上许多石头，(抬这些石头的人们，足足有三天，在我的窗前络绎的走过)，叫做假山，一面又在弥勒佛左手的路上筑起一堵泥墙，于是我真山固然望不见，便是假山也轮不到看。那些阔人们似乎以为四周非有墙包围着是不能住人的。我远望香山上迤逦的围墙，又想起秦始皇的万里长城，觉得我所推测的话并不是全无根据的。

还有别的见闻，我曾做了两篇《西山小品》，其一曰《一个乡民的死》，其二曰《卖汽水的人》，将他记在里面。但是那两篇是给日本的朋友们所办的一个杂志作的，现在虽有原稿留下，须等我自己把它译出方可发表。

九月三日，在西山

一封反对新文化的信

伏园兄：

江绍原先生给你的信里，有几句话我很表同意，便是说韩女士接到那封怪信应该由她的父去向写信人交涉，或请求学校办理。但是韩女士既愿负责发表，那么无论发表那一封信当然是她的自便，我们也不好多讲闲话。至于登载这封“怪信”，在江先生看来，似乎觉得有点对不起北大，这个意见我不能赞同。这实在并不是什么了不得的事情，杨先生的罪案只在以教员而向不认识的女生通信，而且发言稍有不检点之处，结果是“不在北大教书”，这件事便完了，于学校本身有什么关系，难道北大应该因“失察”而自请议处么？江先生爱护北大的盛意是很可感的，但我觉得这不免有点神经过敏罢。

你说，“这种事用不着校长过问，也用不着社会公断”，我极以为然，退一步说，北大准许（当然不应该强迫）杨先生辞职或者还是可以的事，但今日风闻别的学校也都予以革职处分，我以为这是十分不合理。我也认杨先生的举动是不应当，是太傻，但究竟不曾犯了什么法律道德，不能就目为无人格，加以这种过重的惩罚。我并不想照样去写信给不认识的女人，所以在此刻预先为自己留下一个地步；实在觉得在这样假道学的冷酷的教育界里很是寒心，万一不慎多说了一句话多看了一眼，也难保不为众矢之的，变为名教的罪人。我真不懂中国的教育界怎么会这样充满了法利赛的空气，怎么会这样缺少健全的思想与独立的判断，这实在比泰戈尔与文化侵略加在一起还要可怕呀。

我又听说这件事发生的前后有好些大学生夹在中间起哄。这也是一个很可悲的现象，即是现代青年的品性的堕落。事前有放谣言的人，在便所里写启事的GG等，事后有人张贴黄榜，发檄文，指为北大全校之不幸，全国女子之不幸，又称杨先生的信是教授式的强盗行为，威吓欺骗渔猎（?）女生的手段，大有灭此朝食，与众共弃之之概。抒情的一种迸发在青年期原是常有的事，未始不可谅解，但迸发总也要迸发的好看点，才有诗的趣味，令人可以低徊欣赏，如沙乐美或少年维特。这回的可惜太难看了，那些都是什么话？我不禁要引用杨先生信里的话来做考语："唉！这都叫做最高学府的学生！"古人有言，"吹皱一池春水，干卿底事"，他们这样的闹，实在要比杨先生的信更"怪"。还有一层，即使他们措词较为妥当，这种多管别人闲事的风气我也很不以为然。我想社会制裁的宽严正以文化进步的高低为比例，在原始社会以及现在的山村海乡，个人的言动饮食几乎无一不在群众监督之下，到得文化渐高，个人各自负责可以自由行动，"各人自扫门前雪，莫管他家瓦上霜"，这才真是文明社会的气象。中国自五四以来，高唱群众运动社会制裁，到了今日变本加厉，大家忘记了自己的责任，都来干涉别人的事情，还自以为是头号的新文化，真是可怜悯者。我想现在最要紧的是提倡个人解放，凡事由个人自己负责去做，自己去解决，不要闲人在旁吆喝叫打。你说这种事也用不着社会公判，这也正是我的意思。

我最厌恶那些自以为毫无过失，洁白如鸽子，以攻击别人为天职的人们，我宁可与有过失的人为伍，只要他们能够自知过失，因为我也并不是全无过失的人。

我因了这件事得到两样教训，即是多数之不可信以及女性之可畏。

十三年五月十三日，陶然

济南道中

伏园兄，你应该还记得“夜航船”的趣味罢？这个趣味里的确包含有些不很优雅的非趣味，但如一切过去的记忆一样，我们所记住的大抵只是一些经过时间熔化变了形的东西，所以想起来还是很好的趣味。我平素由绍兴往杭州总从城里动身（这是二十年前的话了），有一回同几个朋友从乡间趁船，这九十里的一站路足足走了半天一夜；下午开船，傍晚才到西郭门外，于是停泊，大家上岸吃酒饭。这很有牧歌的趣味，值得田园画家的描写。第二天早晨到了西兴，埠头的饭店主人很殷勤地留客，点头说“吃了饭去”，进去坐在里面（斯文人当然不在柜台边和“短衣帮”并排着坐）破板桌边，便端出烤虾小炒腌鸭蛋等“家常便饭”来，也有一种特别的风味。可惜我好久好久不曾吃了。

今天我坐在特别快车内从北京往济南去，不禁忽然的想起旧事来。火车里吃的是大菜，车站上的小贩又都关出在木栅栏外，不容易买到土俗品来吃。先前却不是如此，一九〇六年我们乘京汉车往北京应练兵处（那时的大臣是水竹村人）的考试的时候，还在车窗口买到许多东西乱吃，如一个铜子一只的大雅梨，十五个铜子一只的烧鸡之类；后来在什么站买到兔肉，同学有人说这实在是猫，大家便觉得恶心不能再吃，都摔到窗外去了。在日本旅行，于新式的整齐清洁之中（现在对于日本的事只好“轻描淡写”地说一句半句，不然恐要蹈邓先生的覆辙），却仍保存着旧日的长闲的风趣。我在东海道中买过一箱“日本第一的吉备团子”，虽然不能证明是桃太郎的遗制，口味却真不坏，可惜都被小孩们分吃，我只尝到一两颗，而且又小得可恨。还有平常的“便当”，在形式内容上也总是美术的，味道也好，虽在吃惯肥鱼大肉的大人先生们自然有点不配胃口。“文明”一点的有“冰激凌”，装在一只麦粉做的杯子里，末了也一同咽下去。——我坐在这铁甲快车内，肚子有点饿了，颇想吃一点小食，如孟代故事中王子所吃的，然而现在实属没有法子，只好往餐堂车中去吃洋饭。

我并不是不要吃大菜的。但虽然要吃，若在强迫的非吃不可的时候，也会令人不高兴起来。

还有一层，在中国旅行的洋人的确太无礼仪，即使并无什么暴行，也总是放肆讨厌的。即如在我这一间房里的一个怡和洋行的老板，带了一只小狗，说是在天津花了四十块钱买来的；他一上车就高卧不起，让小狗在房内撒尿，忙得车侍三次拿布来擦地板，又不喂饱，任它东张西望，呜呜的哭叫。我不是虐待动物者，但见人家昵爱动物，搂抱猫狗坐车坐船，妨害别人，也是很嫌恶的；我觉得那样的昵爱，正与虐待同样地是有点兽性的。洋人中当然也有真文明人，不过商人大抵不行，如中国的商人一样。中国近来新起一种"打鬼"——便是打"玄学鬼"与"直脚鬼"——的倾向，我大体上也觉得赞成，只是对于他们的态度有点不能附和。我们要把一切的鬼或神全数打出去，这是不可能的事，更无论他们只是拍令牌，念退鬼咒，当然毫无功效，只足以表明中国人术士气之十足，或者更留下一点恶因。我们所能做，所要做的，是如何使玄学鬼或直脚鬼不能为害。我相信，一切的鬼都是为害的，倘若被放纵着，便是我们自己"曲脚鬼"也何尝不如此。……人家说，谈天谈到末了，一定要讲到下作的话去，现在我却反对地谈起这样正经大道理来，也似乎不大合式，可以不再写下去了罢。

十三年五月三十一日，津浦车中

济南道中之二

过了德州，下了一阵雨，天气顿觉凉快，天色也暗下来了。室内点上电灯，我向窗外一望，却见别有一片亮光照在树上地上，觉得奇异，同车的一位宁波人告诉我，这是后面护送的兵车的电光。我探头出去，果然看见末后的一辆车头上，两边各有一盏灯(这是我推想出来的，因为我看的只是一边)，射出光来，正如北京城里汽车的两只大眼睛一样。当初我以为既然是兵车的探照灯，一定是很大的，却正出于意料之外，它的光只照着车旁两三丈远的地方，并不能直照见树林中的贼踪。据那位买办所说，这是从去年孙美瑶团长在临城做了那“算不得什么大事”之后新增的，似乎颇发生效力，这两道神光真吓退了沿路的毛贼，因为以后确不曾出过事，而且我于昨夜也已安抵济南了。但我总觉得好笑，这两点光照在火车的尾巴头，好像是夏夜的萤火，太富于诙谐之趣。我坐在车中，看着窗外的亮光从地面移在麦子上，从麦子移到树叶上，心里起了一种离奇的感觉，觉得似危险非危险，似平安非平安，似现实又似在做戏，仿佛眼看程咬金腰间插着两把纸糊大板斧在台上踱着时一样。我们平常有一句话，时时说起却很少实验到的，现在拿来应用，正相适合，——这便是所谓浪漫的境界。十点钟到济南站后，坐洋车进城，路上看见许多店铺都已关门，——都上着“排门”，与浙东相似。我不能算是爱故乡的人，但见了这样的街市，却也觉得很是喜欢。有一次夏天，我从家里往杭州，因为河水干涸，船只能到牛屎浜，在早晨三四点钟的时分坐轿出发，通过萧山县城；那时所见街上的情形，很有点与这回相像。其实绍兴和南京的夜景也未尝不如此，不过徒步走过的印象与车上所见到底有些不同，所以叫不起联想来罢了。城里有好些地方也已改用玻璃门，同北京一样，这是我今天下午出去看来的。我不能说排门是比玻璃门更好，在实际上玻璃门当然比排门要便利得多。但由我旁观地看去，总觉得旧式的铺门较有趣味。玻璃门也自然可以有它的美观，可惜现在多未能顾到这一层，大都是粗劣潦草，如一切的新东西一样。旧房屋的粗拙，全体还有些调和，新式的却只见轻率凌乱这一点而已。今天下午同四个朋友去游大明湖，从鹊华桥下船。这是一种“出坂船”似的长方的船，门窗做得很考究，船头有扁一块，文云“逸兴豪情”，——我说船头，只因它形式似船头，但行驶起来，它却变了船尾，一个舟子便站在那里倒撑上去。他所用的家伙只是一支天然木的篙，不知是什么树，剥去了皮，很是光滑，树身却是弯来扭去的并不笔直；他拿了这件东西，能够使一只大船进退回旋无不如意，并且不曾遇见一点小冲撞，在我只知道使船用桨橹的人看了不禁着实惊叹。大明湖在《老残游记》里很有一段描写，我觉得写不出更好的文章来，而且你以前赴教育改进社年会时也曾到过，所以我可以不絮说了。我也同老残一样，走到历下亭铁公祠各处，但可惜不曾在明湖居听得白妞说梨花大鼓。我们又去看“大帅张少轩”捐赀倡修的曾子固的祠堂，以及张公祠，祠里还挂有一幅他的“门下子婿”的长髯照相和好些“圣朝柱石”等等的孙公德政牌。随后又到北极祠去一看，照例是那些塑像，正殿右侧一个大鬼，一手倒提着一个小妖，一手掐着一个，神气非常活现，右脚下踏着一个女子，它的脚跟正落在腰间，把她踹得目瞪口呆，似乎喘不过气来，不知是到底犯了什么罪。大明湖的印象仿佛像南京的玄武湖，不过这湖是在城里，很是别致。清人铁保有一联云，“四面荷花三面柳，一城山色半城湖”，实在说得湖好（据老残说这是铁公祠大门的楹联，现今却已掉下，在享堂内倚墙放着了），虽然我们这回看不到荷花，而且湖边渐渐地填为平地，面积大不如前，水路也很窄狭，两旁变了私产，一区一区地用苇塘围绕，都是人家种蒲养鱼的地方，所以《老残游记》里所记千佛山倒影入湖的景象已经无从得见，至于“一声渔唱”尤其是听不到了。但是济南城里有一个湖，即使较前已经不如，总是很好的事；这实在可以代一个大公园，而且比公园更为有趣，于青年也很有益。我遇见好许多船的学生在湖中往来，比较中央公园里那些学生站在路边等看头发像鸡窠的女人要好得多多，——我并不一定反对人家看女人，不过那样看法未免令人见了生厌。这一天的湖逛得很快意，船中还有王君的一个三岁的小孩同去，更令我们喜悦。他从宋君手里要蒲桃干吃，每拿几颗例须唱一出歌加以跳舞，他便手舞足蹈唱“一二三四”给我们听，交换五六个蒲桃干，可是他后来也觉得麻烦，便提出要求，说“不唱也给我罢”。他是个很活泼可爱的小人儿，而且一口的济南话，我在他口中初次听到“俺”这一个字活用在言语里，虽然这种调子我们从北大徐君的话里早已听惯了。

六月一日，在“家家泉水户户垂杨”的济南城内。

济南道中之三

六月二日午前，往工业学校看金线泉。这天正下着雨，我们乘暂时雨住的时候，踏着湿透的青草，走到石池旁边，照着老残的样子侧着头细看水面，却终[①]于看不见那条金线，只有许多水泡，像是一串串的珍珠，或者还不如说水银的蒸汽，从石隙中直冒上来，仿佛是地下有几座丹灶在那里炼药。池底里长着许多植物，有竹有柏，有些不知名的花木，还有一株月季花，带着一个开过的花蒂：这些植物生在水底，枝叶青绿，如在陆上一样，到底不知道是怎么一回事。金线泉的邻近，有陈遵留客的投辖井，不过现在只是一个六尺左右的方池，辖虽还可以投，但是投下去也就可以取出来了。次到趵突泉，见大池中央有三股泉水向上喷涌，据《老残游记》里说翻出水面有二

【锺校】

①“终”原作“总”。

三尺高，我们看见却不过尺许罢了。池水在雨后颇是浑浊，也不曾流得“汩汩有声”，加上周围的石桥石路以及茶馆之类，觉得很有点像故乡的脂沟汇，——传说是越王宫女倾脂粉水，汇流此地，现在却俗称“猪狗汇”，是乡村航船的聚会地了。随后我们往商埠游公园，刚才进门雨又大下，在茶亭中坐了许久，等雨霁后再出来游玩。园中别无游客，容我们三人独占全园，也是极有趣味的事。公园本不很大，所以便即游了，里边又别无名胜古迹，一切都是人工的新设，但有一所大厅，门口悬着匾额，大书曰“畅趣游情，马良撰并书”，我却瞻仰了好久。我以前以为马良将军只是善于打什么拳的人，现在才知道也很有风雅的趣味，不得不陈谢我当初的疏忽了。

此外我不曾往别处游览，但济南这地方却已尽够中我的意了。我觉得北京也很好，只是太多风和灰土，济南则没有这些；济南很有江南的风味，但我所讨厌的那些东南的脾气似乎没有，（或未免有点速断?）所以是颇愉快的地方。然而因为端午将到，我不能不赶快回北京来，于是在五日午前二时终于乘了快车离开济南了。

我在济南四天，讲演了八次。范围题目都由我自己选定，本来已是自由极了，但是想来想去总觉得没有什么可讲，勉强拟了几个题目，都没有十分把握，至于所讲的话觉得不能句句确实，句句表现出真诚的气分来，那是更不必说了。就是平常谈话，也常觉得自己有些话是虚空的，不与心情切实相应，说出时便即知道，感到一种恶心的寂寞，好像是嘴里尝到了肥皂。石川啄木的短歌之一云：

> 不知怎地，总觉得自己是虚伪之块似的，将眼睛闭上了。

这种感觉，实在经验了好许多次。在这八个题目之中，只有末了的“神话的趣味”还比较的好一点；这并非因为关于神话更有把握，只因世间对于这个问题很多误会，据公刊的文章上看来，几乎尚未有人加以相当的理解，所以我对于自己的意见还未开始怀疑，觉得不妨略说几句。我想神话的命运很有点与梦相似。野蛮人以梦为真，半开化人以梦为兆，“文明人”以梦为幻，然而在现代学者的手里，却成为全人格之非意识的显现；神话也经过宗教的，“哲学的”以及“科学的”解释之后，由人类学者解救出来，还他原人文学的本来地位。中国现在有相信鬼神托梦魂魄入梦的人，有求梦占梦的人，有说梦是妖妄的人，但没有人去从梦里寻出他情绪的或感觉的分子，若是“满愿的梦”则更求其隐密的动机，为学术的探讨者；

说及神话，非信受则排斥，其态度正是一样。我看许多反对神话的人虽然标榜科学，其实他的意思以为神话确有信受的可能，倘若不是竭力抗拒；这正如性意识很强的道学家之提倡戒色，实在是两极相遇了。真正科学家自己既不会轻信，也就不必专用攻击，只是平心静气地研究就得，所以怀疑与宽容是必要的精神，不然便是狂信者的态度，非耶者还是一种教徒，非孔者还是一种儒生，类例很多。即如近来反对太戈尔运动也是如此，他们自以为是科学思想与西方化，却缺少怀疑与宽容的精神，其实仍是东方式的攻击异端：倘若东方文化里有最大的毒害，这种专制的狂信必是其一了。不意话又说远了，与济南已经毫无关系，就此搁笔；至于神话问题，说来也嫌唠叨，改日面谈罢。

六月十日，在北京写

苦雨

伏园兄：

北京近日多雨，你在长安道上不知也遇到否，想必能增你旅行的许多佳趣。雨中旅行不一定是很愉快的，我以前在杭沪车上时常遇雨，每感困难，所以我于火车的雨不能感到什么兴味，但卧在乌篷船里，静听打篷的雨声，加上欸①乃的橹声，以及“靠塘来，靠下去”的呼声，却是一种梦似的诗境。倘若更大胆一点，仰卧在脚划小船内，冒雨夜行，更显出水乡住民的风趣，虽然较为危险，一不小心，拙劣地转一个身，便要使船底朝天。二十多年前往东浦吊先父的保姆之丧，归途遇暴风雨，一叶扁舟在白鹅似的波浪中间滚过大树港，危险极也愉快极了。我大约还有好些“为鱼”时候——至少也是断发文身时候的脾气，对

【锺校】

①“欸”原作“欵”。

于水颇感到亲近，不过北京的泥塘似的许多“海”实在不很满意，这样的水没有也并不怎么可惜。你往“陕半天”去似乎要走好几[①]天的准沙漠路，在那时候倘若遇见风雨，大约是很舒服的，遥想你胡坐骡车中，在大漠之上，大雨之下，喝着四打之内的汽水，悠然进行，可以算是“不亦快哉”之一。但这只是我的空想，如诗人的理想一样地靠不住，或者你在骡车中遇雨，很感困难，正在叫苦连天也未可知，这须等你回京后问你再说了。

我住在北京，遇见这几天的雨，却叫我十分难过。北京向来少雨，所以不但雨具不很完全，便是家屋构造于防雨亦欠周密。除了真正富翁以外，很少用实垛砖墙，大抵只用泥墙抹灰敷衍了事。近来天气转变，南方酷寒而北方淫雨，因此两方面的建筑上都露出缺陷。一星期前的雨把后园的西墙淋坍，第二天就有“梁上君子”来摸索北房的铁丝窗，从次日起赶紧邀了七八位匠人，费两天工夫，从头改筑，已经成功十分八九，总算可以高枕而卧，前夜的雨却又将门口的南墙冲倒二三丈之谱。这回受惊的可不是我了，乃是川岛君“佢们”俩，因为“梁上君子”如再见光

【锺校】

①“几”原作“两”。

顾，一定是去躲在“佢们”的窗下窃听的了。为消除“佢们”的不安起见[1]，一等天气晴正，急须大举地修筑，希望日子不至于很久，这几天只好暂时拜托川岛君的老弟费神代为警护罢了。

前天十足下了一夜的雨，使我夜里不知醒了几遍。北京除了偶然有人高兴放几个爆仗以外，夜里总还安静，那样哗喇哗喇的雨声在我的耳朵已经不很听惯，所以时常被它惊醒，就是睡着也仿佛觉得耳边粘着面条似的东西，睡的很不痛快。还有一层，前天晚间据小孩们报告，前面院子里的积水已经离台阶不及一寸，夜里听着雨声，心里胡里胡涂地总是想水已上了台阶，浸入西边的书房里了。好容易到了早上五点钟，赤脚撑伞，跑到西屋一看，果然不出所料，水浸满了全屋，约有一寸深浅，这才叹了一口气，觉得放心了；倘若这样兴高采烈地跑去，一看却没有水，恐怕那时反觉得失望，没有现在那样的满足也说不定。幸而书籍都没有湿，虽然是没有什么价值的东西，但是湿成一饼一饼的纸糕，也很是不愉快。现今水虽已退，还留下一种涨过大水后的普通的臭味，固然不能留客坐谈，就是自己也不能在那里写字，所以这封信

【锺校】

① “见”原作“来”。

是在里边炕桌上写的。

这回的大雨，只有两种人最是喜欢。第一是小孩们。他们喜欢水，却极不容易得到，现在看见院子里成了河，便成群结队地去“淌河”去。赤了足伸到水里去，实在很有点冷，但他们不怕，下到水里还不肯上来。大人见小孩们玩的很有趣，也一个两个地加入，但是成绩却不甚佳，那一天里滑倒了三个人，其中两个都是大人，——其一为我的兄弟，其一是川岛君。第二种喜欢下雨的则为虾蟆。从前同小孩们往高亮桥去钓鱼钓不着，只捉了好些虾蟆，有绿的，有花条的，拿回来都放在院子里，平常偶叫几声，在这几天里便整日叫唤，或者是荒年之兆罢，却极有田村的风味。有许多耳朵皮嫩的人，很恶喧嚣，如麻雀虾蟆或蝉的叫声，凡足以妨碍他们的甜睡者，无一不痛恶而深绝之，大有欲灭此而午睡之意。我觉得大可以不必如此，随便听听都是很有趣味的，不但是这些久成诗料的东西，一切鸣声其实都可以听。虾蟆在水田里群叫，深夜静听，往往变成一种金属音，很是特别，又有时仿佛是狗叫，古人常称蛙为吠蛤[1]，大约也是

【锺校】

①“蛙为吠蛤”原作“蛙蛤为吠”。清朱骏声通训《说文》“蛙”：“扬州谓之水鸡，亦曰吠蛤，言其声阁阁也。”

从实验而来。我们院子里的虾蟆现在只见花条的一种，它的叫声更不漂亮，只是格格格这个叫法，可以说是革音，平常自一声至三声，不会更多，唯在下雨的早晨，听它一口气叫上十二三声，可见它是实在喜欢极了。

这一场大雨恐怕在乡下的穷朋友是很大的一个不幸，但是我不曾亲见，单靠想像是不中用的，所以我不去虚伪地代为悲叹了。倘若有人说这所记的只是个人的事情，于人生无益，我也承认，我本来只想说个人的私事，此外别无意思。今天太阳已经出来，傍晚可以出外去游嬉，这封信也就不再写下去了。

我本等着看你的秦游记，现在却由我先写给你看，这也可以算是“意表之外”的事罢。

十三年七月十七日在京城书

论女裤

绍原兄：

你的“裙要长过裤”的提议，我当然赞同，即可请你编入民国新礼的草案里。但我们在这里应当声明一句，这条礼的制定乃是从趣味（这两个字或者有点语病，因为心理学家怕要把它定为“味觉”）上着眼，并不志在“挽靡习”。我在《妇女周报》及《妇女杂志》上看见什么教育会联合会的一件议决案，主张女生“应依章一律着用制服”，至于制服则“袖必齐腕，裙必及胫”，一眼看去与我们的新礼颇有阳虎貌似孔子之概，实际上却截然不同。原案全文皆佳，今只能节录其一部分于后：

> 衣以蔽体，亦以彰身，不衷为灾，昔贤所戒，矧在女生，众流仰望，虽曰末节，所关实巨。……甚或故为宽短，豁敞脱露，扬袖见肘，举步窥膝，殊非谨容仪尊瞻视之道。……

《妇女周报》（六十一期）的奚明先生对于这篇卫道的大文加以批评，说得极妙，不必再等我来多话。他说：

> 教育会会员诸公当然也是众流之一流，仰望也一定很久，……仰望的结果，便是加上“故为宽短云云”这十六字的考语。其中尤足以使诸公心荡神摇的，是所见的肘和所窥的膝。本来肘与膝也是无论男女人人都有的东西，无足为奇；但因为诸公是从地下“仰”着头向上而“望”的缘故，所以更从肘膝而窥见那肘膝以上的非肘膝，便不免觉得“殊非谨仪容尊瞻视之道”起来了。

奚明先生的话的确不错，教育会诸公的意思实在如李笠翁所说在于“掩藏秘器，爱护家珍”而已。笠翁怕人家的窥见以致心荡神摇，诸公则怕窥见人家而心荡神摇，其用意不同而居心则一，都是一种野蛮思想的遗留。野蛮人常把自己客观化了，把自己行为的责任推归外物，在小孩狂人也都有这种倾向。就是在文明社会里也还有遗迹，如须勒特耳（Th. Schroeder，见 Ellis 著《梦之世界》第七章所引）所说，现代的禁止文艺科学美术等大作，即本于此种原始思想，以为猥亵在于其物而不在感到猥亵的人，不知道倘若真需禁止，所应禁者却正在其人也。教育会诸人之取缔“豁敞脱露”，正是怕肘膝的蛊惑力，所以是老牌的野蛮思想，不能冒我们新开店的招牌：为防鱼目混珠起见，不得不加添这张仿单，请赐顾者认明玉玺为记，庶不致误。

我的意思，衣服之用是蔽体即以彰身的，所以美与实用一样的要注意。有些地方露了，有些地方藏了，都是以彰身体之美；若是或藏或露，反而损美的，便无足取了。裙下无论露出一只裤脚两只裤脚，总是没有什么好看，自然应在纠正之列。

“西洋女子不穿裤”的问题，我因为关于此事尚缺查考，这回不能有所论列为歉。

十三年十二月七日

与友人论性道德书

雨村[①]兄：

长久没有通信，实在因为太托熟了，况且彼此都是好事之徒，一个月里总有几篇文字在报纸上发表，看了也抵得过谈天，所以觉得别无写在八行书上之必要。但是也有几句话，关于《妇人杂志》的，早想对你说说，这大约是因为懒，拖延至今未曾下笔，今天又想到了，便写这一封信寄给你。

我如要称赞你，说你的《妇人杂志》办得好，即使是真话也总有后台喝采的嫌疑，那是我所不愿意说的，现在却是别的有点近于不满的意见，似乎不妨一说。你的恋爱至上的主张，我仿佛能够理解而且赞同，但是觉得你的《妇人杂志》办得不好，——因为这种杂志不是登载那样思想的东西。《妇人杂志》我

【锺校】

① 雨村为《妇人杂志》编辑。

知道是营业性质的，营业与思想——而且又是恋爱，差的多么远！我们要谈思想，三五个人自费赔本地来发表是可以的，然而在营业性质的刊物上，何况又是 *The LADIES'*[①] *Journal*……那是期期以为不可。我们要知道，营业与真理，职务与主张，都是断乎不可混同，你却是太老实地“借别人的酒杯浇自己的块垒”，虽不愧为忠实的妇女问题研究者，却不能算是一个好编辑员了。所以我现在想忠告你一声，请你留下那些“过激”的“不道德”的两性伦理主张，预备登在自己的刊物上，另外重新依据营业精神去办公家的杂志，千万不要再谈为 LADIES and gentlemen 所不喜的恋爱；我想最好是多登什么做鸡蛋糕布丁杏仁茶之类的方法以及刺绣裁缝梳头束胸捷诀，——或者调查一点缠脚法以备日后需要时登载尤佳。《白话丛书》里的《女诫注释》此刻还可采取转录，将来读经潮流自北而南的时候自然应该改登《女儿经》了。这个时代之来一定不会很迟，未雨绸缪现在正是时候，不可错过。这种杂志青年男女爱读与否虽未敢预言，但一定很中那些有权威的老爷们的意，待多买几本留着给孙女们读，销路不愁不广。即使不说销路，跟着圣贤和

【锺校】

① “LADIES' ” 原作 “LIADS' ”。

大众走总是不会有过失的，纵或不能说有功于世道人心而得到褒扬。总之我希望你划清界限，把气力卖给别人，把心思自己留起，这是酬世锦囊里的一条妙计，如能应用，消灾纳福，效验有如《波罗密多心咒》。

然而我也不能赞成你太热心地发挥你的主张，即使是在自办的刊物上面。我实在可叹，是一个很缺少“热狂”的人，我的言论多少都有点游戏态度。我也喜欢弄一点过激的思想，拨草寻蛇地去向道学家寻事，但是如法国拉勃来（Rabelais）那样只是到“要被火烤了为止”，未必有殉道的决心。好像是小孩踢球，觉得是颇愉快的事，但本不期望踢出什么东西来，踢到倦了也就停止，并不预备一直踢到把腿都踢折，——踢折之后岂不还只是一个球么？我们发表些关于两性伦理的意见，也只是自己要说，难道就希冀能够于最近的或最远的将来发生什么效力！耶稣，孔丘，释迦，梭格拉底的话，究竟于世间有多大影响，我不能确说，其结果恐不过自己这样说了觉得满足，后人读了觉得满足——或不满足，如是而已。我并非绝对不信进步之说，但不相信能够急速而且完全地进步；我觉得世界无论变到那个样子，争斗，杀伤，私通，离婚这些事总是不会绝迹的。我们的高远的理想境，到底只是我们心中独自娱乐的影片。为了这种理想，我也愿出力，但是现在还不想拚命。我未尝不想志士似的高唱牺牲，劝你奋斗到底，但老实说我惭愧不是志士，不好以自己所不能的转劝别人，所以我所能够劝你的只是不要太热心，以致被道学家们所烤。最好是望见白炉子留心点，暂时不要走近前去，当然也不可就改入白炉子党，——白炉子的烟稍淡的时候仍旧继续做自己的工作，千切不要一下子就被“烤”得如翠鸟牌香烟。我也知道如有人肯撙出他的头皮，直向白炉子的口里钻，或者也可以把它掀翻；不过，我重复地说，自己还拚不出，不好意思坐在交椅里乱嚷，这一层要请你原谅。

上礼拜六晚写到这里，夜中我们的小女儿忽患急病，整整地忙了三日，现在虽然医生声明危险已过，但还需要十分慎重的看护，所以我也还没有执笔的工夫，不过这封信总得寄出了，不能不结束一句。总之，我劝你少发在中国是尚早的性道德论，理由就是如上边所说，至于青年黄年之误会或利用，那都是不成问题。这一层我不暇说了，只把陈仲甫先生一九二一年所说的话（《新青年》随感录一一七）抄一部分在后面：

青年底误会

“教学者如扶醉人，扶得东来西又倒。”现代青年底误解，也和醉人一般。……你说婚姻要自由，他就专门把写情书寻异性朋友做日常重要的功课。……你说要脱离家庭压制，他就抛弃年老无依的母亲。你说要提倡社会主义共产主义，他就悍然以为大家朋友应该养活他。你说青年要有自尊底精神，他就目空一切，妄自尊大，不受善言了。……

你看，这有什么办法，除了不理它之外？不然你就是只讲做鸡蛋糕，恐怕他们也会误解了，吃鸡蛋糕吃成胃病呢！匆匆不能多写了，改日再谈。

十四年四月十七日，署名

与友人论怀乡书

废然兄：

萧君文章里的当然只是理想化的江南。凡怀乡怀国以及怀古，所怀者都无非空想中的情景，若讲事实一样没有什么可爱。在什么书中（《恋爱与心理分析》）见过这样一节话，有某甲妻甚凶悍，在她死后某甲怀念几成疾，对人辄称道她的贤惠，因为他忘记了生前的妻的凶悍，只记住一点点好处，逐渐放大以至占据了心的全部。我们对于不在面前的事物不胜恋慕的时候，往往不免如此，似乎是不能深怪的，但这自然不能凭信为事实。

在我个人或者与大家稍有不同。照事实讲来，浙东是我的第一故乡，浙西是第二故乡，南京第三，东京第四，北京第五，但我并不一定爱浙江。在中国我觉得还是北京最为愉快，可以住居，除了那春夏的风尘稍为可厌。以上五处之中常常令我怀念的倒是日本的东京以及九州关西一带的地方，因为在外国与现实社会较为隔离，容易保存美的印象，或者还有别的原因。现在若中国则自然之美辄为人事之丑恶所打破，至于连幻想也不易构成，所以在史迹上很负盛名的於越在我的心中只联想到毛笋杨梅以及老酒，觉得可以享用，此外只有人民之鄙陋浇薄，天气之潮湿苦热等等，引起不快的追忆。我生长于海边的水乡，现在虽不能说对于水完全没有情愫，但也并不怎么恋慕，去对着什刹海的池塘发怔。绍兴的应天塔，南京的北极阁，都是我极熟的旧地，但回想起来也不能令我如何感动，反不如东京浅草的十二阶更有一种亲密之感，——前年大地震时倒坍了，很是可惜，犹如听到老朋①友家失火的消息，雷峰塔的倒掉只觉得失了一件古物。我这种的感想或者也不大合理亦未可知，不过各人有独自经验，感情往往受其影响而生变化，实在是没法的事情。

在事实方面，你所说的努力用人力发展自然与人生之美，使它成为可爱的世界，是很对也是很要紧的。我们从理性上说应爱国，只是因为不把本国弄好我们个人也不得自由生存，所以这是利害上的不得不

【锺校】

①“朋”原作“明”。

然，并非真是从感情上来的离了利害关系的爱。要使我们真心地爱这国或乡，须得先把它弄成可爱的东西才行。这一节所说的问题或者很有辩论的馀地（在现今爱国教盛行的时候），我也不预备来攻打这个擂台，只是见了来信所说，姑且附述己见，表示赞同之意而已。

一九二五年五月七日

与友人论国民文学书

木天兄：

承示你同伯奇兄的论国民文学的信，我觉得对于你们的意见能够充分了解。传道者说："日光之下并无新事。"我想这本来也是很自然很平常的道理，不过是民族主义思想之意识地发现到文学上来罢了。这个主张的理由明若观火，一国的文学如不是国民的，那么应当如何，难道可以是殖民的或遗老的么？无论是幸不幸，我们既生为中国人，便不自主地分有汉族的短长及其运命。我们第一要自承是亚洲人（"Asiatics"！）中之汉人，拚命地攻上前去，取得在人类中汉族所应享的幸福，成就所能做的工作，——倘若我们不自菲薄，不自认为公共的奴才。只可惜中国人里面外国人太多，西崽气与家奴气太重，国民的自觉太没有，所以政治上既失了独立，学术文艺上也受了影响，没有新的气象。国民文学的呼声可以说是这种堕落民族的一针兴奋剂，虽然效果如何不能预知，总之是适当的办法。

但是我要附加一句，提倡国民文学同时必须提倡个人主义。我见有些鼓吹国家主义的人对于个人主义竭力反对，不但国家主义失其根据，而且使得他们的主张有点宗教的气味，容易变成狂信。这个结果是凡本国的必好，凡别国的必坏，自己的国土是世界的中心，自己的争战是天下之正义，而犹称之曰“自尊心”。我们反抗人家的欺侮，但并不是说我们便可以欺侮人；我们不愿人家抹杀我们的长处，但并不是说我们还应护自己的短。我们所要的是一切的正义：凭了正义我们要求自主与自由，也正凭了正义我们要自己谴责，自己鞭[①]挞。我们现在这样地被欺侮，一半固然是由于别人的强横，一半——至少至少一半——也在于自己的堕落。我们在反对别人之先或同时，应该竭力发掘铲除自己的恶根性，这才有民族再生的希望，否则只是拳匪思想之复活。拳匪的排外思想我并不以为绝对地非是，但其本国必是而外国必非的偏见，可以用“国粹”反抗新法的迷信，终是拳匪的行径，我所绝对反对的。有人信奉国家主义之后便非古

【锺校】

①“鞭”原作“挞”。

文不做，非古诗不诌，这很令我怀忧，恐正当的国家主义要恶化了。我们提倡国民文学于此点要十分注意，不可使其有这样的流弊。所以我仿你的说法要加添几句，便是在积极地鼓吹民族思想以外，还有这几件工作：

我们要针砭民族卑怯的瘫痪，
我们要消除民族淫猥的淋毒，
我们要切开民族昏愦的痈疽，
我们要阉割民族自大的风狂。

以上是三月一日我覆你的一封信，曾登在《京报副刊》第八十号上，今重录于此，因为现在我的意见还只是这样。我不知怎地很为遗传[①]学说所迫压，觉得中国人总还是中国人，无论是好是坏，所以保存国粹正可不必，反正国民性不会消灭，提倡欧化也是虚空，因为天下不会有像两粒豆那样相似的民族，叫他怎么化得过来。现在要紧的是唤起个人的与国民的自觉，尽量地研究介绍今古的文化，让它自由地渗进去，变成民族精神的滋养料，因此可望自动地发生出新汉族的文明来。这是我任意的梦想，也就是我所以

【锺校】

①“传”原作“傅”。

赞成国民文学的提唱之理由。但是，有时又觉得这些梦想也是轻飘飘的，不大靠得住；如吕滂（Gustave Le Bon）所说，人世的事都是死鬼作主，结果几乎令人要相信幽冥判官——或是毗骞国王手中的帐簿，中国人是命里注定的奴才，这又使我对于一切提唱不免有点冷淡了。我的微小的愿望，现在只在能够多了解一分，不在能成功一厘，所以这倒也还无妨无妨。草草。

十四年六月一日

代快邮

万羽兄：

这回爱国运动可以说是盛大极了，连你也挂了白文小章跑的那么远往那个地方去。我说“连你”，意思是说你平常比较的冷静，并不是说你非爱国专家，不配去干这宗大事，这一点要请你原谅。但是你到了那里，恐怕不大能够找出几个志士——自然，揭贴，讲演，劝捐，查货，敲破人家买去的洋灯罩（当然是因为仇货），这些都会有的，然而城内的士商代表一定还是那副脸嘴罢？他们不谈钱水，就谈稚老鹤老，或者仍旧拿头来比屁股，至于在三伏中还戴着尖顶纱秋，那还是可恶的末节了。在这种家伙队里，你能够得到什么结果？所以我怕你这回的努力至少有一半是白费的了。

我很惭愧自己对于这些运动的冷淡一点都不轻减。我不是历史家，也不是遗传学者，但我颇信丁文江先生所谓的谱牒学，对于中国国民性根本地有点怀疑。吕滂（G. Le Bon）的《民族发展之心理》及《群众心理》（据英日译本，前者只见日译）于我都颇有影响，我不很相信群众或者也与这个有关。巴枯宁说，历史的唯一用处是教我们不要再这样，我以为读史的好处是在能预料又要这样了。我相信历史上不曾有过的事中国此后也不会有，将来舞台上所演的还是那几出戏，不过换了脚色，衣服与看客。五四运动以来的民气作用，有些人诧为旷古奇闻，以为国家将兴之兆，其实也是古已有之，汉之党人，宋之太学生，明之东林，前例甚多，照现在情形看去与明季尤相似：门户倾轧，骄兵悍将，流寇，外敌，其结果——总之不是文艺复兴！孙中山未必是崇祯转生来报仇，我觉得现在各色人中倒有不少是几社复社，高杰左良玉，李自成吴三桂诸人的后身。阿尔文夫人看见她的儿子同他父亲一样地在那里同使女调笑，叫道"僵尸！"我们看了近来的情状怎能不发同样的恐怖与惊骇？佛教我是不懂的，但这"业"——种性之可怕，我也痛切地感到。即使说是自然的因果，用不着怎么诧异，灰心，然而也总不见得可以叹许，乐观；你对高山说希望中国会好起来，我不能赞同你，虽然也承认你的热诚与好意。其实我何尝不希望中国会好起来？不过看不见好起来的征候，所以还不能希望罢了。好起来的征候第一是有勇气。古人云：“知耻近乎勇。”中国人现在就不知耻。我们大讲其国耻，但是限于“一致对外”，这便是卑鄙无耻的办法。三年前在某校讲演，关于国耻我有这样几句话：

> 我想国耻是可以讲的，而且也是应该讲的。但是我这所谓国耻并不专指丧失什么国家权利的耻辱，乃是指一国国民丧失了他们做人的资格的羞耻。这样的耻辱才真是国耻。……
>
> 中国女子的缠足，中国人之吸鸦片，买卖人口，都是真正的国耻，比被外国欺侮还要可耻。缠足，吸鸦片，买卖人口的中国人，即使用了俾士麦毛奇这些人才的力量，凭了强力解决了一切的国耻问题，收回了租界失地以至所谓藩属，这都不能算作光荣，中国人之没有做人的资格的羞耻依然存在。固然，缠足，吸鸦片，买卖人口的国民，无论如何崇拜强权，到底能否强起来，还是别一个问题。……

这些意见我到现在还没有什么更改。我并不说不必反抗外敌，但觉得反抗自己更重要得多，因为不但这是更可耻的耻辱，而且自己不改悔也就决不能抵抗得过别人。所以中国如要好起来，第一应当觉醒，先知道自己没有做人的资格至于被人欺侮之可耻，再有勇气去看定自己的丑恶，痛加忏悔，改革传统的谬思想恶习惯，以求自立，这才有点希望的萌芽。总之中国人如没有自批巴掌的勇气，一切革新都是梦想，因为凡有革新皆从忏悔生的。我们不要中国人定期正式举行忏悔大会，对证古本地自怨自艾，号泣于旻天，我只希望大家伸出一只手来摸摸胸前脸上这许多疮毒和疙瘩。照此刻的样子，以守国粹夸国光为爱国，一切中国所有都是好的，一切中国所为都是对的，在这个期间，中国是不会改变的，不会改好，即使也不至于变得再坏。革命是不会有的，虽然可以有换朝代；赤化也不会有的，虽然可以有扰乱杀掠。可笑日本人称汉族是革命的国民，英国人说中国要赤化了，他们对于中国事情真是一点都不懂。

近来为了雪耻问题平伯和西谛大打其架，不知你觉得怎样？我的意思是与平伯相近。他所说的话有些和“敌报”相像，但这也不足为奇，萧伯讷罗素诸人的意见在英国看来何尝不是同华人一鼻孔出气呢？平伯现在固然难与萧罗诸公争名，但其自己谴责的精神我觉得是一样地可取的。

密思忒西替羌不久将往西藏去了，他天天等着你回来，急于将一件关系你的尊严的秘密奉告。现在我暗地里先通知了你，使你临时不至仓皇失措。其事如下：有一天我的小侄儿对我们臧否人物，他说："那个报馆的小孩儿最可恶，他这样地（做手势介），'喂，小贝！小贝！'……"他自己虽只有三岁半，却把你认做同僚，你的蓄养多年的胡须在他眼睛里竟是没有，这种大胆真可佩服，虽然对于你未免有点失敬。——连日大雨，苦雨斋外筑起了泥堤，总算侥幸免于灌浸，那个夜半乱跳吓坏了疑古君的老虾蟆，又出来呱呱地大叫了，令我想起去年的事，那时你正坐在黄河船里哪。草草。

一四，七，二七

条陈四项

半农兄：

你荣任副刊记者，我于看见广告以前早已知道，因为在好几天前你打电话来叫寄稿，我就答应给你帮忙了。论理是早应该敬赠花红，以表祝贺之意，但是几个礼拜终于没有送，实在是对不起之至。不过我未曾奉贺，也不是全然因为懒惰，一半还是另有道理的。为什么呢？这有两个理由。其一，为副刊记者难。这件事已经衣萍居士说过，无须多赘，只看孙伏老办副刊办得“天怒人怨”，有一回被贤明的读者认为“假扮”国籍，“有杞天之虑”。其二，为某一种以外的副刊记者更不易。据北京的智识阶级说近年中国读者遭殃，因为副刊太多，正如土匪逃兵一样，弄得民不聊生，非加剿除不可，而剿除的责任即在某一种副刊，实行“逼死”战策，出人民于水火之中而登诸衽席之上，盖犹我世祖轩辕皇帝讨蚩尤之意也。目下某交换局长（这个名字实在定得有点促狭，不过我可不负责任，因为大家知道这是孤桐先生所设的局）不曾亲自督战，或者（我希望）还“逼”得不很厉害也未可知。可是这个年头儿——喔，这个年头儿着实不好惹，一不留心便被局长的部下逼住，虽欲长居水平线下的地位而不可得。有这几种原因，我觉得副刊记者这个宝位也像大总统一般是有点可为而不可为的，所以我也就踌躇着，不立即发一个四六体的电报①去奉贺了。

我写这封信给你，固然是专为道歉，也想顺便上一个条陈，供献我的几项意见。其实我那里会有好意见呢？我们几个人千辛万苦地办了一个报，自以为是不用别人的钱，不说别人的话的，或者还有一点儿特色，可是这却压根儿就不行，名人的批评说这是北京的“晶报”，所以我即使有意见，也不过是准“太阳晒屁股赋”之流罢了。供献给你有什么用处？然而转侧一想，太阳晒屁股有何不好？况且你，也是我们一伙儿，翻印过《何典》之类，难以入博士之林。今人有言，“惺惺惜惺惺”②，我觉得更有供献意见之必

【锺校】

①“报”原作“话”。

②“惺惺惜惺惺”原作“惜惜惜惜惜”。

要，冀贵刊“日就月将缉熙光明”，渐有太阳晒脊梁之气象，岂不休哉！

今将我的四不主义列举于左，附加说明，尚祈采择施行，幸甚。

一，不可“宣称赤化”。此种危险至大，不待烦言，唯有一点须加说明：您老于经济学这种学问大约是一个门外汉，同我差不多，恐怕“邺架”上不见得有马克思的著作，于宣传此项邪说上绝少可能，我的警告似属蛇足，但我们要知道，在我们民国这个解说略有不同，应当照现在通行的最广义讲，倘若读者嫌此句字面太新，或改作较古的“莫谈国事”亦无不可。

二，不可捧章士钊段祺瑞。这样说未免有点失敬，不过这两个只是代表大虫类的东西，并不是指定的。又“不可车旁军”一条可以附在这里边，不必另立专条了。

三，不可怕太阳晒屁股，但也不可乱晒，这条的意思等于说“不可太有绅士气，也不可太有流氓气”。这是我自己的文训之一，但还不能切实做到，因为我恐怕还多一点绅士气？

四，不可轻蔑恋爱。当然是说副刊上不可讨厌谈恋爱的诗歌小说论文而不登，只要他做的好，——并非说副刊记者。天下之人大都健忘，老年的人好像是生下来就已头童齿豁，中年的人出娘胎时就穿着一套乙种常礼服，没有幼少时代似的，煞是可怪可笑。从前张东荪君曾在《学灯》（?）上说，他最讨厌那些青年开口就要讲结婚问题，当时我对朋友说，张君自己或者是已不成问题了，所以不必再谈，但在正成为问题的青年要讲结婚问题却是无怪的，讨厌他的人未免太是自己中心主义了（在你的一位同行拉丁系言语学教授丹麦人 Nyrop 老先生的一本怪书《亲嘴与其历史》的英译本里，有一句俗谚，忘记是德国的呢还是别国的[1]了，此刻也懒得向书堆中去复查，就含胡一点算了罢，其词曰，“我最讨厌人家亲嘴，倘若我没有分”，这似乎可以作别一种解释）。我希望你能容许他们（并不是叫“他”代表，只是因为“她”大抵现在是还未必肯来谈，所以暂时从省）讲恋爱，要是有写得好的无妨请赐“栽培”，妹呀哥呀的多几句，似乎还不是怎么要不得的毛病，可以请你将尊眼张大一点，就放了过去。这一条的确要算是废话，你的意见大约原来也是这样，而且或者比我还要宽大一点也未可知。不过既然想到了，所以也仍旧写在后面，表

【锺校】

① 原无“的”字，今增。

示我对于现在反恋爱大同盟的不佩服之至意。至于我自己虽然还不能说老，但这类文章大约是未必做了，所以记者先生可以相信我这条陈确是大公无私的。

我的条陈就止于此了，末了再顺便想问一声记者先生，不知道依照衣萍居士的分类，我将被归入那一类里去？别的且不管，只希望不要被列入元老类，因为元老有时虽然也有借重的时候，但实在有点是老管家性质，他的说话是没有人理的，无论是呼吁或是训诲，这实在是乏味的事。还有一层，俗谚云，“看看登上座，渐渐入祠堂”，这个我也有点不很喜欢。所以总而言之，请你不要派我入第一类，再请会同衣萍居士将第二类酌改名称为“亲友”，准我以十年来共讲闲话的资格附在里边，那就可以勉强敷衍过去了。

十五年七月三日，岂明

诉苦

半农兄：

承你照顾叫我做文章，我当然是很欣幸，也愿意帮忙，但是此刻现在这实在使我很有点为难了。我并不说怎么忙，或是怎么懒，所以不能写东西，我其实倒还是属于好事之徒一类的，历来因为喜欢闹事受过好些朋友的劝诫，直到现今还没有能够把这个脾气①改过来，桌上仍旧备着纸笔预备乱写，——不过，什么东西可以讲呢？我在《酒后主语》的小引里这样的说过：

> 现时中国人的一部分已发了疯狂，其馀的都患着痴呆症。只看近来不知为着什么的那种执拗凶恶的厮残，确乎有点异常，而身当其冲的民众却似乎很是麻木，或者还觉得颇舒服，有些被虐

【锺校】

①“气”原作“皮”。

狂（Masochism）的气味。简单的一句话，大家都是变态心理的朋友。我恐怕也是痴呆症里的一个人，只是比较地轻一点，有时还要觉得略有不舒服；凭了遗传之灵，这自然是极微极微的，可是，嗟夫，岂知就是忧患之基呢？这个年头儿，在疯狂与痴呆的同胞中间，那里有容人表示不舒服之馀地。你倘若……

是的，你倘若想说几句话舒服舒服，结果恐将使你更不舒服。我想人类的最大弱点之一是自命不凡的幻想，将空虚的想象盖住了现实，以为现在所住的是黄金世界，大讲其白昼的梦话，这也有点近于什么狂之一种罢。我对于这种办法不能赞成，所以想根据事实，切实的考虑，看现今到底是否已是三大自由的时代，容得我们那样奢华地生活。我这个答案是"不"。最好自然是去标点考订讲授或诵读《四书味根录》一类的经典，否则嫖赌看戏也还不失为安分，至于说话却是似乎不大相宜。老兄只要看蔡胡丁张陈诸公以及中国的左拉法朗西等公正而且"硬"的人物都不哼一声了，便可以知道现在怎样不适于言论自由，何况我们这些本来就在水平线下的人，其困难自然更可以想见了。

"莫谈国事"这个禁戒，听说从民国初年便已有了，以后当然也要遵行下去。在辇毂之下吸过几天空气的公民大都已了解这个宪谕的尊意，万不会再在茶馆躺椅上漏出什么关于南口北口的消息来，而且现在也并无可谈的国事，即使想冒险批评一两句，不知那一条新闻可靠，简直是“不知所谈”。据说中国人酷爱和平，那么关于止戈弭兵这些事似乎可以大放厥词了，然而“而今现在”仿佛也不适宜，因为此刻劝阻杀人是有点什么嫌疑的，观于王聘老等诸善士之久已闭口，便可了然：那么这一方面的文字也还以不写为宜。熊妙通水灾督办在南方演说，云反对赤化最好是宗教，准此则讲宗教自然是最合式的事了，而且我也有点喜欢谈谈原始宗教的，虽然我不是宗教学者或教徒。——可是我不能忘记天津的报馆案，我不愿意为了无聊的事连累你老哥挨揍[1]，报社被捣毁，这何苦来呢？这个年头儿，大约是什么新文化运动的坏影响吧，读一篇文章能够不大误解的人不很多，往往生出“意表之外”的事情，操觚者不可不留神。骂人吧，这倒还可以。反正老虎及其徒党是永远不会绝迹于人世的，随时找到一个来骂，是不很难的事。反正我是有仇于虎类的人，拼出有一天给它们吃掉，此刻也不

【锺校】

①“揍”原作“奏”。

想就“为善士”。但是，我觉得《世界日报》副刊的空气是不大欢迎骂人的，这或者是我的错觉也未可知，不过我既然感到如此，也就不敢去破坏这个统一了。的确，我这个脾气久已为世诟病，只要我不同……的正人君子们闹，我的名誉一定要好得多，我也时常记起祖父的家训里“有用精神为下贱戏子所耗”之诫，想竭力谨慎，将不骂人一事做到与不看戏有同一的程度，可惜修养未足，尚不能至，实是惭愧之至。现在言归正传，总之这种骂人的文章寄给报社是不适宜的，而且我已说过此后也想谨慎一点少做这样傻事呢。馀下来的一件事只是去托古人代劳了。这却也并不容易。给人叫做“扒手”倒还没有什么，我实在是苦于无书可翻，没有好材料，——王褒的《僮约》总不好意思拿来。说到这里，已是无可说了，总结一句只是这样：

“老哥叫我做文章，实在是做不出，如有虚言，五雷击顶！千万请你老哥原谅，（拱手介）对不起，对不起。”

中华民国十五年七月二十八日，于内右四区，岂明叩。

国庆日

子威兄：

今日是国庆日。但是我一点都不觉得像国庆，除了这几张破烂的旗。

国旗的颜色本来不好，市民又用杂色的布头拿来一缝，红黄蓝大都不是正色，而且无论阿猫阿狗有什么事，北京人就乱挂国旗，不成个样子，弄得愈挂国旗愈觉得难看，令人不愉快。虽然有人[①]知道了或者要说这是侮蔑国旗，但我实在望了这龌龊的街市挂满了破烂的旗，不知怎的——总觉得不像什么国庆。其实，北京人如不挂旗，或者倒还像一点也未可知。这里恐怕要声明一句，我自己就是一个京兆人，或者应说京兆宛平人。

【锺校】

① 初刊《语丝》及收入《谈虎集》时，“有人”均作“章太炎”。

去年今日是故宫博物院开放，我记得是同你和徐君去瞻仰的。今年，听说是不开放了，而开放了历史博物馆。这倒也很妙的。历史博物馆是在午门楼上，我们平民平常是上不去的（我想到这原来是“献俘”的地方），这回开放拿来作十五年国庆的点缀，可以说是唯一适宜的小点缀罢。但是我终于没有去。理由呢？说不清，不过不愿意看街上五色旗下的傻脸总是其中之一。

国庆日的好处是可以放一天假，今年却不凑巧正是礼拜日，糟糕糟糕。

十，十，十五年

国语罗马字

疑古兄：

你们的 *Gwoyeu Romatzyh* 听说不久就要由教部发表了，这是我所十分表示欢迎的。

前回看见报上一条新闻，仿佛说是教部将废注音字母而以罗马字代之，后来又听说有人相信真是要文字革命了，大加反对。天下这样低能的人真是有的！在这年头儿，这个教育部，会来主张罗马字代字母？这是那里来的话！不佞似乎还高能一点，一看见知道这是威妥玛式的改正拼法，还不是“古已有之”，用以拼中国字的么？不过便利得多，字上不要加撇，不要标数目，而且经过教部发表，可以统一拼法，这都是很好的，但是我也觉得有不很佩服的地方。我是个外行，对于一个个的字母不能有所可否，只对于那本中华教育改进社第四卷第四号的小册子上七条特色中所举三四两条都以与英文相近为言，觉得有点怀疑。

为什么国语罗马字与英文相近便是特色？我想这个理由一定是因为中国人读英文的多。但是这实际上有什么用呢？普通能读英文的人大抵奉英文拼法为正宗，不知道世上还有别的读法，而国语罗马字的字音又大半并不真与英文一致，所以读起来的时候仍不免弄错。如北京一字，平常照英文读作“庇铿”，那么国语罗马字的拼法也将读为“皮尽”，至于“黎大总统”之被读为“赖”大总统更是一样了。我想有人要学会一种新拼法，总须请他费一点工夫学一学才行，不可太想取巧或省力，否则反而弄巧成拙，再想补救，更为费事了。况且这国语罗马字不是专供学英文的人用的，据文中所说还拟推广开去，似乎更不必牵就一方面。——其实，国语罗马字虽然大半与威妥玛式相同，却并不怎么与英文相近，威妥玛式的音似乎本来并不一定是根据英文的，所以懂得英文的人看这拼法，也只是字母认得罢了，这一层在懂得法意等文的人也一样便利的，未必限于英文。总之，我赞成这一套国语罗马字，只是觉得它的发音并不怎么像英文，就是像也未必算得什么特色，因为这并非给英美人用的。照例乱说，不知尊意以为如何。

十五年十月十八日，Jou Tzuohren

郊外

怀光君：

燕大开学已有月馀，我每星期须出城两天，海淀这一条路已经有点走熟了。假定上午八时出门，行程如下，即十五分高亮桥，五分慈献寺，十分白祥庵南村，十分叶赫那拉氏坟，五分黄庄，十五分海淀北篓斗桥到。今年北京的秋天特别好，在郊外的秋色更是好看，我在寒风中坐洋车上远望鼻烟色的西山，近看树林后的古庙以及沿途一带微黄的草木，不觉过了二三十分的时光。最可喜的是大柳树南村与白祥庵南村之间的一段S字形的马路，望去真与图画相似，总是看不厌。不过这只是说那空旷没有人的地方，若是市街，例如西直门外或海淀镇，那是很不愉快的，其中以海淀为尤甚，道路破坏污秽，两旁沟内满是垃圾及居民所倾倒出来的煤球灰，全是一副没人管理的地方的景象。街上三三五五遇见灰色的人们，学校或商店的门口常贴着一条红纸，写着什么团营连等字样。这种情形以我初出城时为最甚，现在似乎少好一点了，但是还未全去。我每经过总感得一种不愉快，觉得这是占领地的样子，不像是在自己的本国走路；我没有亲见过，但常常冥想欧战时的比利时等处或者是这个景象，或者也还要好一点。海淀的莲花白酒是颇有名的，我曾经买过一瓶，价贵（或者是欺侮城里人也未可知）而味仍不甚佳，我不喜欢喝他。我总觉得勃兰地最好，但是近来有什么机制酒税，价钱大涨，很有点买不起了。——城外路上还有一件讨厌的东西，便是那纸烟的大招牌。我并不一定反对吸纸烟，就是竖招牌也未始不可，只要弄得好看，至少也要不丑陋，而那些招牌偏偏都是丑陋的。就是题名也多是粗恶，如古磨坊（Old Mill）何以要译作“红屋”，至于胜利女神（Victory），大抵人多知道她就是尼开（Nikē），却叫作“大仙女”，可谓苦心孤诣了。我联想起中国电影译名之离奇，感到中国民众的知识与趣味实在还下劣得很。——把这样粗恶的招牌立在占领地似的地方，倒也是极适合的罢？

十五年十月三十日，于沟沿

南北

鸣山先生：

从前听过一个故事，有三家村塾师叫学生作论，题目是“问南北之争起于何时？”学生们翻遍了《纲鉴易知录》，终于找不着，一个聪明的学生便下断语云：“夫南北之争何时起乎？盖起于始有南北之时也。”得了九十分的分数。某秀才见了说，这是始于黄帝讨蚩尤，但塾师不以为然，他说涿鹿之战乃是讨蚩（一说蚩尤即赤酋之古文），是在北方战争，与南方无涉，于是这个问题终于没有解决。

近来这南北之争的声浪又起来了，其实是同那塾师所研究的是同样的虚妄，全是不对的。粤军下汉口后，便有人宣传说南方仇杀北人，后来又谣传刘玉春被惨杀，当作南北相仇的证据，到处传布，真是尽阴谋之能事。我相信中国人民是完全统一的，地理有南北，人民无南北。历来因为异族侵略或群雄割据，屡次演出南北分立的怪剧，但是一有机会，随复并合，虽其间经过百十年的离异，却仍不见有什么裂痕，这是历史上的事实，可以证明中国国民性之统一与强固。我们看各省的朋友，平常感到的只是一点习惯嗜好之不同，例如华伯之好吃蟹（彭越?），品青之不喜吃鱼，次鸿之好喝醋（但这也不限于晋人，贵处的“不”先生也是如此），至于性情思想都没有多大差异，绝对地没有什么睽隔，所以近年来广东与北京政府立于反对地位，但广东人仍来到京城，我们京兆人也可以跑到广州去，很是说得来，脑子里就压根儿没有南北的意见。自然，北京看见南方人要称他们作蛮子或是豆皮，北方人也被南方称作侉子，但这只是普通的绰号，如我们称品老为治安会长，某君为疑威将军，开点小玩笑罢了。

老实说，我们北方人闻道稍晚，对于民国建立事业出的力不很多，多数的弟兄们又多从事于反动战争，这似乎也是真的。不过这只是量，而不是质的问题。三一八的通缉，有五分之三是北人，而反动运动的主要人物也有许多是南人，如张勋，段祺瑞，章士钊，康有为等辈皆是。总之，民国以来的混乱，不能找地与人来算账，应该找思想去算的，这不是两地方的人的战争，乃是思想的战争。南北之战，应当改称民主思想与酋长思想之战才对。

现在河南一带的酋长主义者硬要把地盘战争说是南北人民的战争，种种宣传，“挑剔风潮”，引起国民相互的仇视，其居心实在是凶得可怜悯了。我们京兆人民酷爱和平，听见这种消息，实在很不愿意，只希望黄帝有灵，默佑这一班不肖子孙，叫他们明白起来，安居乐业，不要再闹什么把戏了，岂不懿欤！

先生隐居四川，恐怕未必知道这些不愉快的事情，那倒也是很好的。何时回平水去乎？不尽。

十五年十月三十一日

养猪

持光君：

今天在燕大图书馆看见英文报说，孙传芳在九江斩决了五十名学生，又某地将十名学生判决死刑云。我不禁想起希腊悲观诗人巴拉达思（Palladas）的一首小诗来：

Pantes tōi thanatōi teroumetha kai trephometha
Hōs agelē khoirōn sphazomenon alogōs.

大意云，我们都被看管，被喂养着，像是一群猪，给死神随意地宰杀。——不过，死神是异物，人不能奈何他。人把人当猪看待，却是令人骇然，虽然古时曾有“人彘”的典故。草草，不宣。

十五年十月七日

乌篷船

子荣君：

接到手书，知道你要到我的故乡去，叫我给你一点什么指导。老实说，我的故乡，真正觉得可怀恋的地方，并不是那里；但是因为在那里生长，住过十多年，究竟知道一点情形，所以写这一封信告诉你。

我所要告诉你的，并不是那里的风土人情，那是写不尽的，但是你到那里一看也就会明白的，不必啰唆地多讲。我要说的是一种很有趣的东西，这便是船。你在家乡平常总坐人力车，电车，或是汽车，但在我的故乡那里这些都没有，除了在城内或山上是用轿子以外，普通代步都是用船。船有两种，普通坐的都是“乌篷船”，白篷的大抵作航船用，坐夜航船到西陵去也有特别的风趣，但是你总不便坐，所以我也就可以不说了。乌篷船大的为“四明瓦”，小的为脚划船，亦称小船。但是最适用的还是在这中间的“三道”，亦即三明瓦。篷是半圆形的，用竹片编成，中夹竹箬，上涂黑油；在两扇“定篷”之间放着一扇遮阳，也是半圆的，木作格子，嵌着一片片的小鱼鳞，径约一寸，颇有点透明，略似玻璃而坚韧耐用，这就称为明瓦。三明瓦者，谓其中舱有两道，后舱有一道明瓦也。船尾用橹，大抵两支，船首有竹篙，用以定船。船头着眉目，状如老虎，但似在微笑，颇滑稽而不可怕，唯白篷船则无之。三道船篷之高大约可以使你直立，舱宽可以放下一顶方桌，四个人坐着打马将，——这个恐怕你也已学会了罢？小船则真是一叶扁舟，你坐在船底席上，篷顶离你的头有两三寸，你的两手可以搁在左右的舷上，还把手都露出在外边。在这种船里仿佛是在水面上坐，靠近田岸去时泥土便和你的眼鼻接近，而且遇着风浪，或是坐得少不小心，就会船底朝天，发生危险，但是也颇有趣味，是水乡的一种特色。不过你总可以不必去坐，最好还是坐那三道船罢。

你如坐船出去，可是不能像坐电车的那样性急，立刻盼望走到。倘若出城，走三四十里路（我们那里的里程是很短，一里才及英哩三分之一），来回总要预备一天。你坐在船上，应该是游山的态度，看看四周物色，随处可见的山，岸旁的乌桕，河边的红蓼和白，渔舍，各式各样的桥，困倦的时候睡在舱中拿出随笔来看，或者冲一碗清茶喝喝。偏门外的鉴湖一带，贺家池，壶觞左近，我都是喜欢的，或者往娄公埠骑驴去游兰亭（但我劝你还是步行，骑驴或者于你不很相宜），到得暮色苍然的时候进城上都挂着薜荔的东门来，倒是颇有趣味的事。倘若路上不平静，你往杭州去时可于下午开船，黄昏时候的景色正最好看，只可惜这一带地方的名字我都忘记了。夜间睡在舱中，听水声橹声，来往船只的招呼声，以及乡间的犬吠鸡鸣，也都很有意思。雇一只船到乡下去看庙戏，可以了解中国旧戏的真趣味，而且在船上行动自如，要看就看，要睡就睡，要喝酒就喝酒，我觉得也可以算是理想的行乐法。

只可惜讲维新以来这些演剧与迎会都已禁止，中产阶级的低能人别在“布业会馆”等处建起“海式”的戏场来，请大家买票看上海的猫儿戏。这些地方你千万不要去。——你到我那故乡，恐怕没有一个人认得，我又因为在教书不能陪你去玩，坐夜船，谈闲天，实在抱歉而且惆怅。川岛君夫妇现在偁山下，本来可以给你绍介，但是你到那里的时候他们恐怕已经离开故乡了。初寒，善自珍重，不尽。

十五年十[①]一月十八日夜，于北京

【锺校】

① 原漏“十”字，今增。此文初刊于1926年11月27日《语丝》。

古朴的名字

绍原兄：

近日翻阅英国赫伯忒夫人的《儿童志》（Mrs. S. Herbert, *Childlore*, 1925），见其中有这一节话：

> 鬼怪似乎都是很笨，而且容易被骗的，我们只要看那很通行的，给小孩起一个污糟讨厌的名字的习惯，便可明白了。这会引起鬼怪的嫌恶，觉得这样的小孩是不值得去麻烦的。所以西伯利亚某民族中如有人失掉过一个小孩，他便将叫新生的婴孩为“狗子”，希望鬼怪听了真相信这是一匹小狗。孟加拉的有些种族，常用这些坏名字给小孩，如饥荒，瞎眼，独只眼，马蛰，秏子，公猫，流氓，蝎虎子，粪堆。

我忘记了书名，总是一本宋人的笔记，有一条大骂“南人”，说他们起名字要用好看的字面，殊属人心不古，北方则不然，随便用什么“猪狗”为名，多么淳朴。我对于吉利的名字，如连升朝梁之类，的确也很不敬，但公猫流氓也不敢恭维：这实在只是百步与五十步之差。一个是想趋吉，一个是想避凶，同是巫医的法术作用，不过叫粪堆的是更古一点的方法，当作古董更有价值罢了。我们乡间叫作猫狗牛羊的人虽然还有，但别的古怪名称也已少见，即此可以想见世风之欠古，在禹域且如此，更无怪其他也。

《儿童志》说及些关于发爪的禁忌。据说欧洲大抵相信初生小儿第一年不宜剪爪，只能用齿啮去，爱尔兰地方以为倘若犯禁，小儿将来会变成“扒手”云。（附记，北京虽然通用下列的两个字，下一个是手字，上一个是用三个手字合成的，但我觉得似乎应该这样写才合“六书”，所以恕不遵奉了。）因便说及，不知于你有用处否？

十五年十一月二十日

关于“无理心中”

湘萍先生：

老实说，我对于金君的那种行为不能有什么同情，即使不说有反感。先生与金君是好友，所以有许多谅解，那是当然的，但那样的情杀实在是并不希奇，日本所谓无理心中的便是。男女的合意心中，即普通的情死，无论是否希望一莲托生，我觉得都没有什么，无理心中却是一种犯罪。杀人总是杀人，不管她是爱他不爱他的女人。至于爱的问题，我总相信“爱是不加害于人的”，如圣保罗在《与罗马人书》中所说。以杀所爱者为爱情真义，窃所未闻。一个人哪里会没有过失，金君的事情我们不愿加以指摘，不过如以为有表彰的价值，那我觉得是一种错误的见解。

中国古来男子的偏见，直至现在还多少存在着，是不承认女子有独立的人格。三从之说在表面上似乎已经没有青年男子在那里提倡了，但在事实上还是很占着势力。女子生就被爱的，若是爱人至多也只能爱一次，否则便是“被恶人诱惑了”，有被男子所杀的义务。以前男子有杀奸之权，为法律所许可，现在好像没有这法律了，但男子心里还主张着这个权利，对于爱过他而变了心的女子就想下辣手的处置，或夺其生命，或毁其名誉，如那有名的“某波记”著者所为，而旁人（或男或女）则拍手呼快。让女子有给与及收受爱情之权罢，至少在有教化的青年男女总应当这样想，即使在这半开化的中国社会里，想总当这样想罢。

罗女士的情书我以为并无发表之必要。这容易成为对于死者之侮辱。若是想证明她的曾经爱过金君，或罗女士之多才，反正都不能 justify 这个无理心中之合理，那么发表有何意义乎？在我们局外人看来，只要死的埋好了，活的医好了，一切合法的办理，这件事就暂时结束，关于他们的情书觉得可以不问，或者可以说没有看的权利，——即使金君许可了，我们总没有得到罗女士的许可。鄙见如此，不知先生以为何如？

十五年十一月二十八日，周作人

北沟沿通信

某某君：

一个月前你写信给我，说蔷薇社周年纪念要出特刊，叫我做一篇文章，我因为其间还有一个月的工夫，觉得总可以偷闲来写，所以也就答应了。但是，现在收稿的日子已到，我还是一个字都没有写，不得不赶紧写一封信给你，报告没有写的缘故，务必要请你原谅。

我的没有工夫作文，无论是预约的序文或寄稿，一半固然是忙，一半也因为是懒，虽然这实在可以说是精神的疲倦，乃是在变态政治社会下的一种病理，未必全由于个人之不振作。还有一层，则我对于妇女问题实在觉得没有什么话可说。我于妇女问题，与其说是颇有兴趣，或者还不如说很是关切，因为我的妻与女儿们就都是女子，而我因为是男子之故对于异性的事自然也感到牵引，虽然没有那样密切的关系。我不很赞同女子参政运动，我觉得这只在有些宪政国里可以号召，即使成就也没有多大意思，若在中国无非养成多少女政客女猪仔罢了。想来想去，妇女问题的实际只有两件事，即经济的解放与性的解放。然而此刻现在这个无从谈起，并不单是无从着手去做，简直是无可谈，谈了就难免得罪，何况我于经济事情了无所知，自然更不能开口，此我所以不克为《蔷薇》特刊作文之故也。

我近来读了两部书，觉得都很有意思，可以发人深省。他们的思想虽然很消极，却并不令我怎么悲观，因为本来不是乐天家，我的意见也是差不多的。其中的一部是法国吕滂（G. Le Bon）著《群众心理》，中国已有译本，虽然我未曾见，我所读的第一次是日文本，还在十七八年前，现在读的乃是英译本。无论人家怎样地骂他是反革命，但他所说的话都是真实，他把群众这偶像的面幕和衣服都揭去了，拿真相来给人看，这实在是很可感谢虽然是不常被感谢的工作。群众还是现在最时新的偶像，什么自己所要做的事都是应民众之要求，等于古时之奉天承运，就是真心做社会改造的人也无不有一种单纯的对于群众的信仰，仿佛以民众为理性与正义的权化，而所做的事业也就是必得神佑的十字军。这是多么谬误呀！我是不相信群众的，群众就只是暴君与顺民的平均罢了，然而因此凡以群众为根据的一切主义与运动，我也就不能不否认，——这不必是反对，只是不能承认他是可能。妇女问题的解决，似乎现在还不能不归在大的别问题里，而且这又不能脱了群众运动的范围，所以我实在有点茫然了。妇女之经济的解放是切要的，但是办法呢？方子是开了，药是怎么配呢？这好像是一个居士游心安养净土，深觉此种境界之可乐，乃独不信阿弥陀佛，不肯唱佛号以求往生，则亦终于成为一个乌托邦的空想家而已！但是，此外又实在是没有办法了。

还有一部书是维也纳妇科医学博士鲍耶尔（B. A. Bauer）所著的《妇女论》，是英国两个医生所译，声明是专卖给从事于医学及其他高等职业的人与心理学社会学的成年学生的，我不知道可以有那一类的资格，却承书店认我是一个 Sexologist，也售给我一本，得以翻读一过。奥国与女性不知有什么甚深因缘，文人学士对于妇女总特别有些话说，这位鲍博士也不是例外，他的意见倒不受佛洛依特的影响，却是有点归依那位《性与性格》的著者华宁格耳的，这于妇女及妇女运动都是没有多大好意的。但是我读了却并没有什么不以为然，而且也颇以为然，虽然我自以为对于女性稍有理解，压根儿不是一个憎女家（Misogynist）。我固然不喜欢像古代教徒之说女人是恶魔，但尤不喜欢有些女性崇拜家，硬颂扬女人是圣母，这实在与老流氓之要求贞女有同样的可恶：我所赞同者是混和说，华宁格耳之主张女人中有母妇娼妇两类，比较地有点儿相近了。这里所当说明者，所谓娼妇类的女子，名称上略有语病，因为这只是指那些人，她的性的要求不是为种族的继续，乃专在个人的欲乐，与普通娼妓之以经济关系为主的全不相同。鲍耶尔以为女子的生活始终不脱性的范围，我想这是可以承认的，不必管他这有否损失女性的尊严。现代的大谬误是在一切以男子为标准，即妇女运动也逃不出这个圈子，故有女子以男性化为解放之现象，甚至关于性的事情也以男子观点为依据，赞扬女性之被动性，而以有些女子性心理上的事实为有失尊严，连女子自己也都不肯承认了。其实，女子的这种屈服于男性标准下的性生活之损害决不下于经济方面的束缚，假如鲍耶尔的话是真的，那么女子这方面即性的解放岂不更是重要了么？鲍耶尔的论调虽然颇似反女性的，但我想大抵是真实的，使我对于妇女问题更多了解一点，相信在文明世界里这性的解放实是必要，虽比经济的解放或者要更难也未可知：社会文化愈高，性道德愈宽大，性生活也愈健全，而人类关于这方面的意见却也最顽固不易变动，这种理想就又不免近于昼梦。

反女性的论调恐怕自从“天雨粟鬼夜哭”以来便已有之，而憎女家之产生则大约在盘古开天辟地以后不远罢。世人对于女性喜欢作种种非难毁谤，有的说得很无聊，有的写得还好，我在小时候见过唐代丛书里的一篇《黑心符》，觉得很不错，虽然三十年来没有再读，文意差不多都忘记了。我对于那些说女子的坏话的也都能谅解，知道他们有种种的缘由和经验，不是无病呻吟的，但我替她们也有一句辩解：你莫怪她们，这是宿世怨对！我不是奉“《安士全书》人生观”的人，却相信一句话曰“远报则在儿孙”，《新女性》发刊的时候来征文，我曾想写一篇小文题曰“男子之果报”，说明这个意思，后来终于未曾做得。男子几千年来奴使妇女，使她在家庭社会受各种苛待，在当初或者觉得也颇快意，但到后来渐感到胜利之悲哀，从不平等待遇中养成的多少习性发露出来，身当其冲者不是别人，即是后世子孙，真是所谓天网恢恢疏而不漏，怪不得别人，只能怨自己。若讲补救之方，只在莫再种因，再加上百十年的光阴淘洗，自然会有转机，像普通那样地一味怨天尤人，全无是处。但是最后还有一件事，不能算在这笔账里，这就是宗教或道学家所指点的女性之狂荡。我们只随便引佛经里的一首偈，就是好例，原文见《观佛三昧海经》卷八：

若有诸男子　　年皆十五六
盛壮多力势　　数满恒河沙
持以供给女　　不满须臾意

这就是视女人如恶魔，也令人想起华宁格耳的娼妇说来。我们要知道，人生有一点恶魔性，这才使生活有些意味，正如有一点神性之同样地重要。对于妇女的狂荡之攻击与圣洁之要求，结果都是老流氓（Rouè）的变态心理的表现，实在是很要不得的。华宁格尔在理论上假立理想的男女性（FM），但知道在事实上都是多少杂糅，没有纯粹的单个，故所说母妇娼妇二类也是一样地混和而不可化分，虽然因分量之差异可以有种种的形相。因为娼妇在现今是准资本主义原则卖淫获利的一种贱业，所以字面上似有侮辱意味，如换一句话，说女子有种族的继续与个人的欲乐这两种要求，有平均发展的，有偏于一方的，则不但语气很是平常，而且也还是极正当的事实了。从前的人硬把女子看作两面，或是礼拜，或是诅咒，现在才知道原只是一个，而且这是好的，现代与以前的知识道德之不同就只是这一点，而这一点却是极大的，在中国多数的民众（包括军阀官僚学者绅士遗老道学家革命少年商人劳农诸色人等）恐怕还认为非圣无法，不见得能够容许哩。古代希腊人曾这样说过，一个男子应当娶妻以传子孙，纳妾以得侍奉，友妓（Hetaira原语意为女友）以求悦乐。这是宗法时代的一句不客气的话，不合于现代新道德的标准了，但男子对于女性的要求却最诚实地表示出来。义大利经济学家密乞耳思（Robert Michels）著《性的伦理》（英译在"现代科学丛书"中）引有威尼思地方的谚语，云女子应有四种相，即是：

街上安详　(Matrona in strada,)

寺内端庄　(Modesta in chiesa,)

家中勤勉　(Massaia in casa,)

□□颠狂　(Mattona in letto.)

可见男子之永远的女性便只是圣母与淫女（这个佛经的译语似乎比上文所用的娼妇较好一点）的合一，如据华宁格耳所说，女性原来就是如此，那么理想与事实本不相背，岂不就很好么？以我的孤陋寡闻，尚不知中国有何人说过（上海张竞生博士只好除外不算，因为他所说缺少清醒健全），但外国学人的意见大抵不但是认而且还有点颂扬女性的狂荡之倾向，虽然也只是矫枉而不至于过直。古来的圣母教崇奉得太过了，结果是家庭里失却了热气，狭邪之巷转以繁盛；主妇以仪式名义之故力保其尊严，又或恃离异之不易，渐趋于乖戾，无复生人之乐趣，其以婚姻为生计，视性为敲门之砖，盖无不同，而别一部分的女子致意于性的技巧者又以此为生利之具，过与不及，其实都可以说殊属不成事体也。我最喜欢谈中庸主义，觉得在那里也正是适切，若能依了女子的本性使她平匀发展，不但既合天理，亦顺人情，而两性间的有些麻烦问题也可以省去了。不过这在现在也是空想罢了，我只希望注意妇女问题的少数青年，特别是女子，关于女性多作学术的研究，既得知识，也未始不能从中求得实际的受用，只是这须得求之于外国文书，中国的译著实在没有什么，何况这又容易以“有伤风化”而禁止呢？

我看了鲍耶尔的书，偶然想起这一番空话来，至于答应你的文章还是写不出，这些又不能做材料，所以只能说一声对不起，就此声明恕不做了。草草不一。

十一月六日，岂明

答芸深先生

芸深先生：

来信对于曼殊深致不满，我亦有同意处，唯虑于青年有坏影响，则未必然。曼殊是一个很有天分的人，看他的绝句与小品文，可以知道，又生就一副浪漫的性情，颇足以代表革命前后的文艺界的风气，但是他的思想，我要说一句不敬的话，实在不大高明，总之还逃不出旧道德的樊篱，——这在诗人或者是难免的，即如白采君的《绝俗楼我辈语》中也常见到旧时代的旧话。我不相信文学有什么阶级可分，但文学里的思想确可以分出属于某一阶级某一时代的，如封建时代或有产阶级之类，中国现今的道德观念多半以私产制度为标准，所以世俗对于亲子男女间的思想也纯粹建立在这上面。我不相信诗人应当是“先知”，拿着十字架在荒野上大叫，但有健全的思想的诗人总更使我喜欢，郭沫若先生在若干年前所说“诗人须通晓人类学”（大意如此）这一句话，我至今还是觉得很对；法国都德（A. Daudet）关于两性问题说过愚话，我就有点不敬，觉得他真是有产阶级的人，无论他实在有没有产，虽然他的短篇还是可以爱读，正如说谎的厨子所做的包子之无碍其为好吃也。

曼殊思想平常，或者有点像旧日读书人（仿佛是胡适之博士也曾在《新青年》通信上痛骂过《绛纱记》），他的诗文平心说来的确还写得不错，或者可以说比一般名士遗老还要好些，还有些真气与风致，表得出他的个人来，这是他的长处。先生说曼殊是鸳鸯胡蝶派的人，虽然稍为苛刻一点，其实倒也是真的。鸳鸯胡蝶派的末流，诚然是弄得太滥恶不堪了，但这也是现代中国在宣统洪宪之间的一种文学潮流，一半固然是由于传统的生长，一半则由于革命顿挫的反动，自然倾向于颓废，原是无足怪的，只因旧思想太占势力，所以渐益堕落，变成了《玉梨魂》这一类的东西。

文学史如果不是个人的爱读书目提要，只选中意的诗文来评论一番，却是以叙述文学潮流之变迁为主，那么正如近代文学史不能无视八股文一样，现代中国文学史也就不能拒绝鸳鸯胡蝶派，不给他一个正当的位置。曼殊在这派里可以当得起大师的名号，却如儒教里的孔仲尼，给他的徒弟们带累了，容易被埋没了他的本色。《语丝》上讲起他来，也只是随便谈谈，或者想阐明一点真相，这个意思在执笔的人也是有的，此外并无提倡或推崇的意味。《语丝》社并没有一个固定的要宣传或打倒的东西，大家只在大同小异的范围内各自谈谈，各人的主张，由本人负责，全是三不管的办法：自然，有些话是决不说的，例于狮子牌老虎牌等杂志的话头。我们希望读者只看了当作参考，如听朋友的谈天，不要不经过自己的判断而就相信。

因此我觉得《语丝》上谈论曼殊是不会给予青年以不良影响的，这是我与先生意见不同的地方。事实上，现今的青年多在鸳鸯胡蝶化，这恐怕是真的。但我想其原因当别有在，便是（1）上海气之流毒，(2) 反革命势力之压迫，与革命前后很有点相像。总之，现在还是浪漫时代，凡浪漫的东西都是会有的。何独这一派鸳鸯胡蝶呢？现在高唱入云的血泪的革命文学，又何尝不是浪漫时代的名产呢？

十六年五月三十日，岂明，于北京

与俞平伯君书三十五通

一

平伯兄：

来片敬悉。王季重文殊有趣，唯尚有徐文长所说的以古字奇字替代俗字的地方，不及张宗子的自然。张宗子的《琅嬛文集》中记泰山及普陀之游的两篇文章似比《文饭小品》各篇为佳，此书已借给颉刚，如要看可以转向他去借。

我常常说现今的散文小品并非五四以后的新出产品，实在是“古已有之”，不过现今重新发达起来罢了。由板桥冬心溯而上之这班明朝文人再上连东坡山谷等，似可编出一本文选，也即为散文小品的源流材料，此件事似大可以做，于教课者亦有便利。现在的小文与宋明诸人之作在文字上固然有点不同，但风致实是一致，或者又加上了一点西洋影响，使他有一种新气息而已。

就要出门，匆匆不多写。

五月五日上午，作人

二

平伯兄：

来信敬悉。那篇文章读去似系明人之作，昨适玄同亦在，请他看亦云当系明季人，至迟亦当为清初也。前尹默约我教孔德的中学国文，冒昧答应，现在心绪纷乱，无心看书搜教材，觉得一定弄不好，想请人去代，不知你有工夫每周去两小时否？

八月廿二日，作人

【附注】 所云文系指《梦游》。

三

平伯兄：

好久没有见了。虽然已是春天，而花叶尚未茂发，不免有寂寥之感。"愚"年老多病，近来患胁痛，赖学多日，亦不能执笔，或把卷，深觉此日可惜，但实在无可为，只想多饮一杯不兰地，且食蛤蜊耳。绍原走后无消息，想早已到广，匆匆不尽。

四月十五日，作人

四

平伯兄：

自从燕大当面送信之后尚未得见，未免怅怅。昨得绍原杭州来信，问及兄近况，我答以兴致如昔，引佩弦所说拍曲所证，想去事实不远。他在广州为某公所逐，也可以算是塞翁失马，如兄之不去则当是有先见之明也。近日有新作否？

十二月十五日，作人

昨买《绝俗楼我辈语》读之，殊不佳。

五

平伯兄：

京西见后，又是一年了。昨见疑古君，代达尊意，云知道了，亦不明了寄或不寄也。燕大之会闻已改期，在本星期三，演剧则已取消，士远又生病，即不取消恐亦演不成。兄有兴致出城一看否？

一月二日，作人

六

平伯兄：

前晚得手书，匆匆未及奉复。承邀吃福来，寒假中随时可去，但恐旧新年要修炉灶，须停几天耳，请由兄酌定通知我可也。“文存”已着手编辑否，希望早观厥成。

一月廿二日，作人

七

平伯兄：

《新月》便以奉送，因我已另得一册了。贴来邮票恕已没收，但别换一枚贴在信面，请寄到时收下可也。春雨如酥，庭中丁香大有抽芽之意矣。

三月廿四日，作人

八

平伯兄：

前建功在孔德为照一相，今印成明信片，附奉一张，乞收。穿了乙种常礼服，又假装在那里用功的样子，似乎不很佳，其实只是在翻阅日本内阁的汉文书目而已。不一。

五月三日，作人

【附注】 此照片曾登某杂志，误为苦雨斋中。

九

长雨殊闷人，院子里造了一个积水潭，不愁平地水高一尺了，但毕竟还是苦雨，不过是非物质的罢了。想兄亦有同感，（不能去看电影了吧?）但或者《燕知草》已竟写了，则亦大有益处耳。

八月十二日灯下，作人

一〇

平伯兄：

得绍原来函，内附一封给你的信，很忠实地贴好了邮票，却被我揭下贴在我的信封上了。前次惠书读悉。《西还》曾在北大出版部购有一册，所以可请不必再给我了。天公日日以雨相恐吓，大有"打倒"我的积水潭之意。废名公已上西山去了。

廿五，作人

一一

平伯兄：

廿五日廿四时从本市所寄的信已收到。大文有六千言之多，《燕知草》真有掉尾之观，贵努力殊堪钦佩也。近日大肆搜索，还"医学周刊"之文债，月内必须清还，外行人说外行话，“苦矣”！废名君已上山去，前礼拜日与家人去访他一遍，从三贝子花园前起走小路，经过前日出路劫而现有持枪警察站着的地方，却终于平安返城，盖有天佑焉。秋意渐深，早上已颇凉，而学校亦就要上课了，奈何。谚云，“蟋蟀鸣，懒妇惊”，此一惊字不佞颇能体谅。

闻金甫已到燕大，又疑古幼渔二公亦已请去为讲师云。

八月廿九日，作人

一二

平伯兄：

偷懒的日子只有十天了，如尊文已抄毕，何妨于燕大开学前来敝不苦雨斋夜谈乎。如先期示知，当并约疑古翁来也。

九月五日灯下，苦雨翁状

一三

平伯兄：

来信读悉。致废公一笺已转去，该公现在已迁居山北，不住在从前的古怪地名的那里了。跋已写了三行，但尚无闲续写下去，近来苦于无闲思索，而且下笔板滞，甚不自满意，见人家挥洒自如，十分妒羡，有如武童生才举得起石墩，看在马上挥舞百六十斤大刀的壮士，能不汗颜邪。故所以同志还须努力也夫。

十月廿日，作人

一四

平伯兄：

昨日启无过访，知兄近来文思泉涌，常有著作，甚善甚善。燕大开课，但不过上元恕不登坛，城中诸同志殆意见一致欤。日内想以小幅求法书，特此预约。废公尚未北归，亦无信息，岂真在等待春草绿乎。匆匆不一。

旧己巳十三日，岂

一五

平伯兄：

前月为二女士写字写坏了，昨下午赶往琉[1]璃厂买六吉宣赔写，顺便一看书摊，买得一部《萨婆多部毗尼摩得勒伽》，共二册十卷，系崇祯十七年八月所刻。此书名据说可译为“一切有部律论”，其中所论

【锺校】

①“琉”原作“玻”。

有极妙者，如卷六有一节云：“云何厕？比丘入厕时，先弹指作相，使内人觉知，当正念入，好摄衣，好正当中安身，欲出者令出，不肯者勿强出。”古人之质朴处盖至可爱也。废年已了，不久即须上课，念之闷损，只得等候春假之光临矣。草草不尽。

二月八日，作人白

一六

平伯兄：

有日本友人云在山口地方听到杨贵妃墓的传说，并照有相片，因兄系主张杨妃不死于马嵬者，故以一份奉寄，乞收阅。据传说云，杨妃逃出马嵬，泛舟海上，飘至山口，死于其地，至今萩及久津两处均有石塔，云即其墓也。下月初闻凡社将聚饮，想兄可往谈。

七月卅日，作人

一七

顾氏《文房小说》中唐庚《文录》云：“关子东一日寓辟雍，朔风大作，因得句云，夜长何时旦，苦寒不成寐，以问先生云，夜长对苦寒，诗律虽有挫对，亦似不稳。先生云，正要如此，一似药中要存性也。”觉得此语颇佳，今日中秋无事，坐萧斋南窗下，录示平伯，不知以为何如，但至少总可以说明近日新取庐名之意思耳。只是怕人家误作崔氏瓣香庐一流，来买药剂也。

十月六日，岂明

【附注】 庐名即煆药庐也。

一八

平伯兄：

来函读悉。嘱写楹联，甚感困难，唯既不能免，不如早点交卷（此考试时成绩不佳者之心理，今未免效颦），附上乞察阅，实在不成字，容将来学好后再为写换耳。（晚间所写，恐墨太淡。）匆匆。

十月十七日夜，作人

再，所用纸亦算是旧纸，而颇粗，恐非书画用者，不过于不佞已甚好，且裱后看去亦尚不恶。又及。

一九

平伯兄：

承赐《燕知草》，谢谢，玄公适见过，即夕面交，女院的一部则于次日交去矣。此次西行遂有城乡之隔，寄信且须贴四分钱，今趁尚可贴一分时赶寄此信。闻润民公亦随行，舍侄丰三与之同年，似颇惜别，曾劝不佞亦移家清华也。匆匆。

岂，十月三十日雨夜

二〇

平伯兄：

印了这么一种信纸，奉送一匣，乞察收。此像在会稽妙相寺，为南朝少见的石像之一，又曾手拓其铭，故制此以存纪念，亦并略有乡曲之见焉，可一笑。匆匆。

十一月二十一日，作人

二一

平伯兄：

在九爷府门外一面，匆匆不及谈为怅。假中想在园，极思觅便往访，届时当先函告。久自以为至人，乃近来亦偶有所梦，便记两则送上，殊乏吊诡之趣，非梦之上乘也。

十二月廿夜，难明

十九年十二月某日梦，大约七八岁，不知因何事不惬意而大哭，大人都不理，因思如哭得更厉害当必有人理我，乃益大声哭，则惊醒矣。

十二月十九日梦，行路见一丐裸体而长一尾如狗，随行强乞，甚厌之，叱之不去，乃呼警察而无应者，有尾之丐则大声为代叫警察，不觉大狼狈而醒。

二二

平伯兄：

前寄一函至园，想已达览。久不见绍原，又未得来信，于昨日便道去一访，云卧病未晤，不知系何病，独卧旅邸，颇觉可念。兄在城时不知有暇能去一访问否？并乞去后以其近状见示为感。匆匆即颂。

雪佳。

二月八日，作人

二三

平伯兄：

手书读悉。厂甸没有买到什么书，虽然去过三次，只得一部万历三年刻《颜氏家训》，尚觉得喜欢耳。废公来笺附去，他要托写字而无纸来，恐又要请你乐输了。近日因少受寒，遂偷懒不上课，大约明天或须上红楼去了。今午往访绍原于大兴，气色颇好。匆匆。

作人，三月四日申刻

二四

平伯兄：

得废公来信，内附二诗，嘱转呈，特为送上。该公似文思诗思均佳，岂亦地灵人杰也欤？天气渐暖，虽不放假，亦可喜也。匆匆。

三月十三夜，作人

二五

平伯兄：

手札诵悉，已转达兼公矣。预料当又往园，故寄此信出城。不佞老在城圈中而亦尚未去看厂甸，实在没有什么事，今日亦只在看《聪训斋语》耳。《莫须有先生传》序居然于壬申元旦写了，真是如释重负也。匆匆。

二月八日，尊

二六

平伯兄：

手札诵悉。兄发明“移岸就船”之法，固然大妙，唯不佞亦同时发明妙法，此已不成问题矣。所谓妙法惟何？其实即序文第一节所说之不必切题说是也。准此，尊文该两篇即使在“但恨多谬误集”中亦并无妨碍，我仍旧可以说我的话，因为反正序文不必要说集中文章而且亦以能不说为贵也。下星期二仍不能相见，故已决心将废公寄存之一联交北大收发组径送到老君堂去矣。近日从杭州买到一部《帝京景物略钞》，系会稽陶筠庵及申手抄本，计时在清康熙廿九年，以乡曲之见看之甚可喜也。匆匆。

作人，三月二十九日下春

二七

平伯兄：

光阴荏苒，我辈的蒙难纪念又快到了。将如何作此纪念乎，晚间在敝庵，抑中午到别处去吃饭乎，均可也，但未定。容共筹商之，礼拜二上午课馀，伫候明教。匆匆。

作人，四月十一日

【附注】 十八年四月十九日在旧女子学院被围，有记在《永日集》中。

二八

平伯兄：

昨下午北院叶公过访，谈及索稿，词连足下，未知有劳山的文章可以给予者欤？不佞只送去一条“穷裤”而已，虽然也想多送一点，无奈材料缺乏，别无可做，久想写一小文以猫为主题，亦终于未着笔也。计算今日兄当在古槐书屋，故寄此信，可省下三分也。

又见《中学生》上吾家予同讲演，以不佞为文学上之一派，鄙见殊不以为然，但此尚可以说见仁见智，唯云不佞尚保持五四前后的风度，则大误矣。一个人的生活态度时时有变动，安能保持十三四年之久乎？不佞自审近来思想益销沉耳，岂尚有五四时浮躁凌厉之气乎。吾家系史学家，奈何并此浅显之事而不能明了欤。

知堂，十一月十三日

二九

平伯兄：

今日往红楼得留书，诵悉一一。尊稿既已付印，敝序不得不赶做了，好在序最后印，有如尊谕，大约尚来得及，做不出时烦烦难难，做得出时容容易易，故说不定一二日中即能诌成也。

星期五上午八至十一在红楼有课，下午照例在庵，如承光临甚所欢迎。《东方》与《新中华》竟出新年号，都来拉稿，明知可以赚一点小酒钱，而无如心手均落伍，殊无此雅兴，大有不能奉命之罪，现在所想写者除尊序外只有《越谚》的新序，因其板（光绪初年所刻）为陈君找到，拟修补重印也。此外还想写一篇关于猫的小文，搁在心上已久，尚未能下笔，实因还未想熟（有如煮熟）也。

知堂，十一月十五日

三〇

平伯兄：

承示中主词讲义，甚感意趣，大有匡君说诗之妙，（如此说法，好像是曾经亲听他讲过的样子！）但是又远引古人为例，得弗如前此之引陶颜耶。今日偶检《看云集》，见有几句成语可用，因抄了寄给《东方》，作为梦的答案，可以免曳白之羞，分数则大约至多也是五分而已。

采薪之忧至今始少减，大略在下星期即可外出，至于今明两天则仍蛰居也。病中又还了一件文债，即新印《越谚》跋文。此后拟专事翻译，虽胸中尚有一

“猫”，盖非至一九三三年未必下笔矣。匆匆。

知堂，十二月一日下午

三一

白萍道兄：

星期二到红楼得见留函，甚欣慰。知摩顶，更是同志矣，何幸如之。主任处确曾助言，望道兄先还此嘴债，敝衲思稍躲懒，能迟一天好一天也。欠序债至今日始得还清，以后才是自己的手，日内极想动手译书，只是鼙鼓动地来，不知能译多少耳。寄寓燕山，大有釜底游魂之慨，但天下何处非釜乎，即镇江亦不易居也。草草不悉。

二月廿四日，知堂拜

三二

平伯兄：

得读应教文，幸甚幸甚。兄不作冬题而另拈一题，乃有点侵入玄公之范围，似不免小不敬矣。近来亦颇有志于写小文，乃有暇而无闲，终未能就，即一年前所说的猫亦尚任其在屋上乱叫，不克捉到纸上来也。世事愈恶，愈写不进文中去（或反而走往闲适一路），于今颇觉得旧诗人作中少见乱离之迹亦是难怪也。

知堂，二月廿五日

【附注】 应教文指《赋得早春》，原文见《论语》第十三期中。

三三

平伯兄：

《世界日报》载北大将迁汴，闻之欣然，吾侪教书匠亦居然得列于古物之次而南渡，此非大可喜事乎。不但此也，照此推论下去，大抵幽燕沦陷已属定命，而华夷之界则当在河，——不，非当也，乃是决定的必在河哉，古人所谓天堑然则当指此耳。今日不出门，但亦幸不出门，闻外边捉车急也。此题目大可供老杜作一篇好诗，惜老杜久已死，杜之下复何足道哉。匆匆。

知堂，三月四日

三四

平伯兄：

得手札，正在读吾乡陈老莲集，其避乱诗（丙戌）中有《作饭行》一首，末云：

鲁国越官吏，江上逍遥师，
避敌甚喂虎，篦民若养狸，
时日曷丧语，声闻于天知，
民情即天意，兵来皆安之。

此公乃明遗老，而对于鲁王之官兵乃不得不作如此语，岂不大可哀哉。春闱在何处乎，札语简未能详悉。

二十二年三月八日，知堂白

三五

平伯道兄：

昨在路旁小店买得一部书，虽系光绪年刊，有新印本可得而殊不易得，何也，盖出家戒律例不许白衣沙弥买也。此名《四分戒本如释》，明末弘赞上人所著，共十二卷，敝庵已有一部，故拟将新得者奉赠，其设想行文均妙，白文及注亦都是一样的有意思，在吾侪“相似比丘”或更属有缘，虽然照律不许未受戒人先看，但此一点在今日只可通融了，因为出家者未必守，那么还不如给在家者看看倒有点好处亦未可知耳。今天又是礼拜六了，想玄公当进城说法也欤。匆匆。

三月十八日下午，知堂白

与废名君书十七通

一

文炳兄：

开明来信虽云可以预支，但未定数目，故未即寄，现去信说及，大约二十日以内可以来了罢，数目大约只百元以内，因今日来信有“如不过多”之语也。耀辰又上山去了，住在卧佛寺，散步顺路可以去一访。城内一切如昔，唯孔德小学部已开学，间壁的三个小孩上学去了，上午院子里比前静得多了。

九月五日，作人

二

文炳兄：

平伯因忘记了地名，来一笺嘱转交，今附上，请收阅。开明已去信，令其寄款至此处，前此虽云寄出，恐或未可知也。现迁居山北，不知四棵槐树的地方尚兼租着以备回去，抑以后就定居北营乎？北平一切如旧，不足道也。

十月二十日，作人

三

废名兄：

得来信，知山居求道，体验日深，至为欣慰。仆近来大懒散，虽自知或者于道更近，唯久不写文字，文人积习，终不自慊耳。各校班次将悉开齐，功课渐紧，而双十一过，放假又寥远，念之闷损。新刻一印，文曰“江南水师出身”，钤在下方，请一览。沈钟诸君偶尔遇见，久不长谈了。

十月十三日，难明

四

废名兄：

张友松君寄来一片，今附去。山中想必风景渐佳，较城中春到应更早也。不佞今日尚未去上课，因感冒迄未愈，想作小文还文债，也还想不出什么来，“苦矣”。

三月十一日，苦雨

五

废名兄：

本月二十日为若子周年纪念，循俗延僧诵经，兄如有暇，甚望能来。匆匆。

十一月十八日，难明

六

废名兄：

来信收到了。现在想暂在岛隐居乎？今日接到开明来函，计尊款共若干元，当于明日为将折子寄去，令其直接汇往青岛，想旧历年内可以到手也。总计此五个月中销出一千五百册之谱，然则文艺书之销路并不怎么不行。不佞近来了无著作，其懒如昔，虽然振作之志亦时有之。一月三十日梦中得一诗云："偃息禅堂中，沐浴禅堂外，动止虽有殊，心闲故无碍。"家中传说不佞前身系一老僧，今观此诗其信然耶，可发一笑。在岛文思若何，得山水之助，想必有进也。匆匆不备。

二月三日夜，作人

七

常出屋斋主人：

来信收到。适接到由青岛转来的信一封，特为送去，乞收览。山中春色何如？山门虽旧，枣树想健在也。莫须有翁回山，想其故事又可得而记欤。

药庐[①]（四月十二日）

八

废名兄：

今日起手写序，虽未知一天内能成与否，但总之是在写了。日前兄在城几天，大可面交，却终未写，今当由邮寄，天下事每每如是，亦可笑也。再谈。

七月四日，作人

九

常出屋斋兄：

近日城内大热，不知山中如何，仍常出屋否？不佞亦颇心闲，故虽热无碍，只是文章也做不出，而欲做之心则一日未歇也。不知近来是在写散文，抑仍写诗乎？鄙意做诗使心发热，写散文稍为保养精神之道，然此亦是一种偏见，难得人人同意也。馀略。匆

【锺校】

①“庐”原作“芦”。

匆顺问起居佳胜。

七月三十日，作人

一〇

废名兄：

知不久将下山一行，敝处因书斋顶蓬大破，西墙将坏，须大修理，故将客室移在外边，居住稍有未便，唯如暂留一二日则亦无妨耳。北大事大约当俟开学后始能定夺。拙鼻未全愈，不过稍好一点了。

九月十四日，苦雨

凤举旧居尚有空屋，如欲分借，可问耀公。

一一

废名兄：

航空信收到。石民君之信已寄往上海，想可收到了，今又得修君来函，特为附上。上海怎么样？日内还溯江回家去么？在上海的期间希望费心代办一件事，因为我的“陀螺”借去遗失了，不知道老板的总店里还有没有，乞代买一本寄来，在北平则已多年买不到了（似乎已是绝版?）。匆匆不悉，容再谈。

十月二十九日，作人

一二

废名兄：

刻了一块木板，制了这样一种六行书，寄呈尊览。如以为“呒啥”，当奉送一叠，但尚须等待一两天，因匣子尚未做好也。匆匆。

一月十八日，粥尊

一三

废名兄：

今早（其实已是八点）忽然想做文章，文章非他，即《莫须有先生传》序，亦即《看云集》序也。乃披衣洗脸吃饭后，摊开纸笔，却又有点茫然，似乎朝气已去唯存午气，但也并不慌忙，仍想把他写出来，不过是在今年明年则不能知耳。据我原意则想在除夕内写之，若终非过年不可，亦是天命而已。

廿一年二月五日，案山

一四

废名兄：

日前承远送于野，存殁均感。回来后不劳顿否。不佞本来有点受寒，野外似又吸了一点灰土，嗓子稍痛，今日大有哑人之意，明后两日只能不作通事去，这一星期（昨上午却去敷衍上课）差不多就此偷懒过去了。

十一月二十三日，知堂白

【附注】 十一月二十日为若子下葬于西郊。

一五

废名君：

昨日叶公打电话来问尊寓地名，想系奉访乎。新制一种信封，觉尚清疏，但只可自怡悦不堪持赠君耳。平伯看见云似苏字，不为无因。匆匆不备。

知堂，十二月十二日

一六

常出屋斋居士：

前晚昨晚无他事，取贵《莫须有先生》从头读一遍，忽然大悟，前此做序纯然落了文字障，成了《文心雕龙新编》之一章了。此书乃是贤者语录，或如世俗所称言行录耳，却比禅和子的容易了解，则因系同一派路，虽落水有浅深，到底非完全异路也。语录中的语可得而批评之，语录中的心境——“禅”岂可批评哉，此外则描写西山的一群饶舌的老娘儿们，犹吉诃德先生之副人物亦人人可得而喜乐欣赏之者也。前序但说得“语”，然想从别方面写一篇亦不可得。欲写此等文虽精通近代“文学学”尚不可至，况如不佞之不学者乎？可为一笑。联语改后稍简矣，但冗长似亦有冗长之妙，不知尊见以为何如也。寒假转瞬即了，而翻译工作尚未着手，而今想要努力，想到“尚须”二字不禁一掬同情之泪，此或亦中国永久之悲哀欤。匆匆不具。

一月三十一日，知堂

一七

废名兄：

两信均收到。联颇佳，似可以用。下句殊有风致，上句似因下句而后有，故稍欠圆熟，然亦无甚妨碍也。小雪正下，甚希望其能久耳，虽不能一尺，亦须有数寸才佳。匆匆。

二月廿一日，知堂拜

与沈启无君书二十五通

一

南无兄：

题跋附呈。写得太拥挤了一点，不过如重写必定更不佳也。印色即某公自制之吴南愚物，以为如何？这两天大热，但念南中那种天气，外加蚊子，则觉得亦可以不发牢骚也。草草。

七月廿七日傍晚，尊白

二

南无足下：

昨日巨公光降敝庐，已将《人间天上集》奉还。据云两三日来住在清燕，故未见足下。咖（此字制作似仿猁字）哩饭之约未决定日期，照今晨样子恐还有很热的天气要来，或者以略略展缓为宜乎？但又虑不在大热天吃之，便少安南气味耳，未知何如也。匆匆不悉。

八月十日晨，馑敬

三

画廊道兄：

别来五日，《四六丛话》固已补好，即张公房子亦已搬好，印章居然于今晚到手矣，以其二（一云苦茶庵，一云食莲花者）呈览。中秋如何看月乎，将登山临水以赏之，抑仍在仓内自沏龙井于凤公之茶壶中而徐徐啜之以自适乎。至于不佞则只吃了些广东月饼，月之本身看不看却不要紧。

茶庵，九月二十五日

四

南无兄：

日前经过神武门，在售书处买得影印宋人法书二册，每册二元，其中有司马光欧阳修王安石诸人手迹，实在写得不坏，便中不妨去得一部。于有闲时翻看之，亦苦中一乐也。星期五下午又不曾东行，实因慵倦，下课后即想回家闲卧，看新得的《清代文字狱档》。其中有丁文彬田应隆口供，真是天下妙文，使金圣叹不死必能赏识表彰也。匆匆。

难明白，十月四日

五

南无兄：

前晚提灯夜行，亦属奇遇，又得回敝斋长谈，戒严之赐亦不可没也。序债已写成其一，现今须续写给《东方》之随笔，随后再着手为巨公题集，未知兄亦预备写跋之手续乎。匆匆。

十一月十六日，案山

六

奇无兄：

昨日大热，今日大寒，而同样地大风，亦奇观也。审知兄已得《物理小识》，窃意何可不获得《齐民要术》耶。日前在厂甸所购一部印尚佳而价亦廉，下午在家随意翻读，觉得其文亦有趣，因特为作曹丘生，并以《青龙笺录》一节，作为标本，乞一览。如此文字，岂非朴实而别有风致，亦是一种好小品文耶，似未可辄以其好说粪而少之也。《四部丛刊》本似颇佳，唯抄本字难读，虽然亦可说得古拙。总不如渐西村舍刊本为便也。别纸尾钤印，系天行山鬼所刻，昨日始拿到手者也。匆匆。

六日晚，案[1]

七

奇无兄：

昨晚闻又戒严，而尊车乃能安然抵仓，颇为奇特，未知中途曾遭谁何乎？今日想为《东方》写小文，而纸笔陈设了一天，终于未写一字，此刻只能又收起矣。明日上午想到北大去一走，差不多是举行休业仪式而已。近一二日又颇有写小文的意思，但尚未成长，仿佛只有两片苗叶耳。偶用榆板通候笺，觉得也还佳，总比蜡笺为佳，大抵有点近于机制，此则似其短处也。匆匆。

十四夜，山尊

八

奇无道兄：

白昼寄两札，想可先此而收到了。今日早晨忽想到《莫须有先生传》，要为之写序，乃披衣洗脸吃饭之后，摊开纸笔，亦殊茫然，似文思又告了假，不在书房里也。但是不甘心，终于写了二百字强，预备明

【原注】

① 二十一年一月。

天隔年再做，而且还想了一种巧妙办法，拟凑足一二千言，不但送给《莫须有先生传》做序，也便算做了我的《看云集》序了。嗟夫，如此取巧，恐古今中外亦尚未之前闻者也，但此例一开，取巧之金针已度与人，从此作序便不难了矣。下午取《庄子》读之，第一篇《逍遥游》觉得大佳，此种写法真是如关云长舞一百六十斤大刀，可羡而不可仿效者也。匆匆。

壬申元旦前一日，尊①

九

奇无兄：

平伯令题跋，今日写一纸，并前两次悉抄录呈阅。此次“觉书”似稍进步，读末尾可知，但此亦不只是“恫吓”，不久颇想实行者也。昨晨马五公见访，大约又往厂甸去，不佞则坚持自重主义，暂不出门耳。

二月十五日，尊

附题跋三首

其一

平伯出示一册，皆是不佞所寄小简，既出意外，

【原注】

① 二十一年二月六日。

而平伯又嘱题词，则更出其表矣。假如平伯早说一声，或多写一张六行书裱入亦无不可，今须题册上，乃未免稍为难耳。不得已姑书此数语，且以塞责，总当作题过了也。

十八年四月四日，岂明

其二

平伯来信说将裱第二册账簿，并责写前所应允之六行书，此题目大难，令我苦思五日无法解答，其症结盖在去年四月四日不该无端地许下了一笔债，至今无从躲赖，但这回不再预约，便无妨碍了。至于平伯要裱这本账簿，则不佞固别无反对也。

十九年九月十五日晨于煆药庐，岂明

其三

不知何年何月写了这些纸，平伯又要裱成一册账簿，随手涂抹，殃及装池，其可三乎。因新制六行书，平伯责令写一张裱入，亦旧债也，无可抵赖。但我想古槐书屋尺牍之整理盖亦不可缓矣。

二十一年二月十五日于苦茶庵，尊

一〇

茗缘道兄：

偶阅《复堂日记》，抄其关于《梦忆》及《西青散记》的两则呈览。此公是章太炎先生之师，但仍是才子也，近从杭州买得一册《群芳小集》，皆是咏叹京都之相公们者，今查出即系复堂手笔，而序则王眉叔（诒寿）作，此小册恐亦不易得，故虽少贵亦不以为嫌，今日已改订宝藏矣。《陶庵梦忆》王见大刻即不佞所有本，实亦不甚佳，不过比这更旧的刻本却没有了耳。《西青散记》实是江南才子一派，但佳刻却亦想得，而甚是难得，且似亦颇高价也。今日想必出城去了，明日当带火炉而上九爷府去乎？匆匆。

二月廿四日灯下，粥尊

一一

奇无兄：

今日大风，上午不出门，又不想用功，因计划制信纸信封，其一可以奉告。从罗振玉所刻《恒农冢墓遗文》中影描四字，文曰“汝南髡钳”，左侧拟刻字一行云某年某月会稽周氏摹熹平元年砖文。其释词如下：汝南者，周也。髡者，髡已久矣。钳者，虽不见钳，然人孰不有钳乎？文有之，其自以为无钳者，其为钳弥大。呜乎，岂不信欤。此原系千七百六十年前河南某地牢城中物，今借用其字，亦颇凑巧。因此并想拜托张公去刻一印，唯牙而六朝，抑铜而汉欤？尚未决定，论理似以汉为适宜，但六朝亦复佳耳。不悉。

二月廿七日，樽

一二

奇无道兄：

手札诵悉。承示《火把》，敝眼有福，甚幸甚幸。今将原把奉还，乞察收，唯以其中不见哭文为憾耳。天气渐好，而意兴阑珊，了无登山临水之雅兴也。颇想写平公文存二集序文，尚只有二三分光。匆匆。

三月廿四日，淳于

一三

微言欣其知之为诲

道心恻如①人不胜天

废名君近来大撰其联语，且写以送人，右联即系

【锺校】

①“如”原作“于”。

送给不佞者也，大有竟陵气，亦觉别致，只是未免过奖耳。他又要做一联送须尊公，不佞因效颦为之，得两句云：

印须我友

各尊所闻

虽然嵌字稍嫌纤巧，但窃以为颇有意思，因为说交谊可密而意见不必强同，似甚合于交友之道也。日后拟请尹公一挥，便以赠须公。煮茶印颇妙，诗人云，谁谓荼苦，其甘如荠，盖用《天咫偶闻》之煮法欤。《寓山注》承采用，甚有荣光，此公尚有遗集，如要看可以奉假，不过那里大抵多是正经文章，——记得有一卷《越中园亭记》，或有可取亦未可知，——难免与《古文观止》接近耳。匆匆上。

尊白，三月廿四日灯下

一四

茗缘道兄：

风闻将有泰山之行，至为欣羡，意者此行颇受张宗老之影响乎？闻北大学生之曾作岱游者言，那种山樏仍存，下山时亦一溜烟滑下，不佞闻其讲义，开茅塞不少，足下如再亲临其地，当必更大有所得耳。匆匆。

三月三十日午，尊白

一五

茗缘道兄：

昨日下午往西单，一看路旁书摊，得了一部王胜时君的《漫游记略》，只花了三四十铜子，回来复经不佞一改订，已居然可看了，敝斋已有此书，此一册可以奉赠，其文颇不恶，至于系陈卧子之徒乃尚在其次耳。又得韬园出板之《南行日记》一册，安徽吴某纪其随马建忠旅行印度之作，文亦尚佳，有几处意见亦可取，唯在船中生病思糜粥，见牛肉汤而大怒，又怕吃西医泻药，必欲找神曲红灵丹服之，马公谏不听，则很可笑，俨然文案头脑矣。计时在一八八〇年，距今已五十馀载，则或亦难怪，因为在现时此种人亦极多也。

今日是清明，当是雨纷纷的时节，而只闻风片不见雨丝，亦殊扫兴，还只好且看闲书耳。匆匆。

四月五日，苦茶子

一六

南无兄：

晚回仓未受凉否？雨后天气本不好，而敝斋尤阴寒，此殆亦苦雨之别证也。崇慈讲演殊不易，因此常感到说书者流之不可及，而普罗文学之难作亦更了然矣。今日又阴雨，午须往景山下配享，晚又须合伙享人，而其中间又须回敝斋来一转，殊觉其忙。文钞目录尚未录出，大约要礼拜一才能着手耳。颇思早日将吴迪公贵扇涂讫，持以奉谒，也还不能决心下笔，盖兴致不佳，虽在吾辈涂鸦亦难有好结果也。“倚装”无事可做，但抓一本闲书随便看之，再过一刻即杀奔景山去也。匆匆。

五月七日，苦茶拜白

一七

奇无兄：

今日女院的熊女士来访，她仿李女士订了一本册子，勒令写字。不佞穿了山东绸大衫，恭翻《颜氏家训》久之，找不出适宜的文章，大为狼狈，不得已只能求之于敝家训，遂将《知堂说》抄上了事。同时山鬼来信，愿将该说写一通，送不佞挂壁，则甚可喜也。北大钟君令为写字，久未应命，也想以《知堂说》应酬之也。今日颇热，而不佞乃在苦雨斋整理书籍，至傍晚始了，汗流浃背，但不甚觉其热也。尚有数篇小序为鲠，未能做翻译工作，甚矣序之害人也。匆匆。

七月三日，知堂

批，连用四也字，已入醉翁门径。

一八

茗缘道兄：

明日上午须赴秋心居士追悼会，下午康公约谈，当在庵拱候，如不怕热亦无妨降临，共喝啤酒汽水也。白杨虽有声，而风弱无力，不能解暑，仍觉得无凉意，不过在苦茶庵总还不能说是怎么热耳。匆匆。

知堂，七月八日

一九

茗缘道兄：

来札读悉。《喻林一叶》承取来甚感，便中望带下，或当遣人往取，虽未必写大部的修辞学书，但此书却想收存，以备随便翻检也。苦雨之后继以快晴，其事甚善，但又苦热，几有不能安枕之概，不过比较南方已大好矣。近日勉力为儿童书局译《儿童剧》，希望再一星期可以了事，然而暑假也就差不多了，正式工作的翻译尚未能起头也。吴公之扇骨亦仍堆放抽屉中，最近的将来中非赶紧一写不可，又甚有“杞天之虑”，恐极不易写。三百首讲义未了乎？今早天色又不佳妙，岂又将雨乎，原拟往万寿寺左近去看坟地，未知能去得否也。匆匆。

八月七日，知堂

二〇

茶衲道兄：

定制了这样一种髹钳信封，内用洋纸作衬，故稍刚健厚实，而缺少柔味，似亦一缺点也。又有一种黄色印者，亦不恶，宜以庆上人之黄竹笺封入，再盖上雄精印章，庶乎其有释家风趣也。

廿夜，知[1]

二一

茶衲道兄：

昨日冒大风回敝斋，披读各书，颇觉欣然，《刀笔》最佳，《五镫》亦复不恶，唯细看其中颙字等均缺笔，想宋朝无预避清朝庙讳之必要，然则此亦只是影印那刘世珩本，而非真是影宋本也。晚上躺着阅莲池所编《沙弥律要略》乃弥有兴趣，不佞于此不能不佩服释氏府上，儒家之小学家礼等等皆不及也。丁香公至今未将宣纸一小方补寄来，大约是全然忘记了，

【原注】

① 二十一年九月。

须得由不佞去一问耳。今天居然下雪，大抵还是试下，所以随即停止，又是夕阳与大风，依然秋天习气也。“知惭愧”一印想托张公一刻，而日内不南行，拟再想一句一并拜托，庶乎其不负此一行焉而已。匆匆。

十一月五日，知堂

二二

茶衲道兄：

昨寄一信说丁香小院事，末后讲到买书，乃不意也如该院主之疏忽，查《景物略钞》系章君（及申）手笔而今所获得者则陶公（廷珍）之赋抄，硬说他们是父子，实属大不敬矣。今日该赋抄寄到，乃知亦非本人手抄，而是“汪世锡甥手录寄赠劫木庵藏”，大抵亦是嘉庆时物，字亦抄得甚佳，颇可喜也。今早得邮局通知，乃令人持铜元九枚前去领回T字印的信一封，但此却不是平公的，一看乃是苦水上人手笔也，到傍晚又接到一信，谢少贴邮票一分之过，但是我却因此得了一张两分的欠资新邮票，可以说是塞翁也耳。匆匆。

十一日灯下，知[①]

【原注】

① 二十一年十一月。

二三

茶衲道兄：

前日来庵匆匆即别，不及以莲花白酒奉饮，甚怅怅也。《散文抄》下卷订成后，何时请携书来补喝该酒乎。昨日天朗气清，下午到厂甸一走，只买得古游荡子诗文一二册，其一曰《宣南梦忆》，甘溪瘦腰生著，盖系贵华宗也，所忆则韩家潭石头胡同[1]中侪辈耳。在路东海王村墙摊一摊上见有《山居闲谈》，两套十二册，比敝庵所有者只是天地头稍短，又系连史而非皮纸，但中缝却均正而不歪，无烦重折，索价不甚昂，未知兄曾否见到，亦有意于此乎？特以奉告。草草顺颂懒禅。

知堂和南，廿二年一月卅日

二四

茶衲道兄：

今日偶阅《李越缦日记》，见其引渔洋山人语云，竟陵钟退谷《史怀》多独特之见，其评左亦多可喜，《诗归》议论尤多造微，正嫌其细碎耳，甚

【锺校】

① 原无“同”字，今增。

是佩服，李公盖于伯敬颇有好感也。近日在斋中找唐公之《天咫偶闻》一时未得，不知道兄曾借阅否，记不清了，便希示及。序债今始还了，从明日起拟自修胜业矣。

二月廿四日晚，知堂

二五

茶衲道兄：

尊恙如何，已勿药乎？春假中南行之计画得无有妨碍否？《三注抄》云已售去。殊觉可惜。今日往商务买了几部《四部丛刊》单行本，聊以补阙，亦无甚可喜者。在清秘买得旧王孙画笺，原画相当不恶，惜刻印不妙，未免减色耳。从杭州得《百廿虫吟》，系咏虫者，差可消遣。匆匆。

知堂，三月卅一日

图书在版编目(CIP)数据

周作人书信/周作人著作;锺叔河编订．—长沙:岳麓书社,2020.10

ISBN 978-7-5538-1206-9

Ⅰ.①周… Ⅱ.①周…②锺… Ⅲ.①周作人(1885—1967)—书信集
Ⅳ.①K825.6

中国版本图书馆 CIP 数据核字(2019)第 284625 号

ZHOU ZUOREN SHUXIN

周作人书信

周作人著作　锺叔河编订

特约编辑:鄢　琨

责任编辑:蒋　浩

责任校对:舒　舍

书籍设计:风格八号

岳麓书社出版发行

地址:湖南省长沙市爱民路 47 号

直销电话:0731-88804152　0731-88885616

邮编:410006

版次:2020 年 10 月第 1 版

印次:2020 年 10 月第 1 次印刷

开本:787mm×1092mm　1/32

印张:4.875

字数:79 千字

印数:1—6 000

ISBN 978-7-5538-1206-9

定价:20.00 元

承印:长沙鸿发印务实业有限公司

如有印装质量问题,请与本社印务部联系

电话:0731-88884129